101

Ulrike Blucha | Iris Knauf

Spiele zum Zählen, Messen, Sortieren und Vergleichen

5-Minuten-Ideen für die Kita

Verlag an der Ruhr

Impressum

Titel

101 Spiele zum Zählen, Messen, Sortieren und Vergleichen
5-Minuten-Ideen für die Kita

Autor

Ulrike Blucha | Iris Knauf

Titelbildmotiv

Gini Neumüller

Innengestaltung

Markus Schmitz

Verlag an der Ruhr
Mülheim an der Ruhr
www.verlagruhr.de

Geeignet für Kinder von 3 – 6 Jahren

Unser Beitrag zum Umweltschutz

Wir sind seit 2008 ein ÖKOPROFIT®-Betrieb und setzen uns damit aktiv für den Umweltschutz ein.
Das ÖKOPROFIT®-Projekt unterstützt Betriebe dabei, die Umwelt durch nachhaltiges Wirtschaften zu entlasten.
Unsere Produkte sind grundsätzlich auf chlorfrei gebleichtes und nach Umweltschutzstandards zertifiziertes
Papier gedruckt.

© **Verlag an der Ruhr 2012**
ISBN 978-3-8346-0929-8

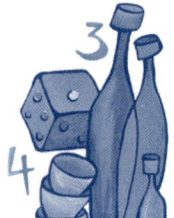

Printed in Germany

Inhaltsverzeichnis

Ein paar Worte vorab …

Sortieren, kategorisieren und vergleichen

Formen, Muster und Reihenfolgen

Inhaltsverzeichnis

Zählen, wiegen und messen

Medientipps

Ein paar Worte vorab ...

Viele Menschen erfasst bei dem Begriff „Mathematik" ein leichtes Unbehagen, da sie damit negative Erfahrungen in der Schulzeit verbinden. Mathematik in der Kita ist darum für sie undenkbar. Mathematische Frühförderung bedeutet aber nicht, Grundschulinhalte wie Zählen und Rechnen in die Kindertagesstätte zu verlegen, sondern mathematische Vorläuferfähigkeiten in den Kita-Alltag aufzunehmen und zu fördern. Zu diesen zählen z. B. das Sortieren und Vergleichen von Dingen, das Finden von Mustern, das Zuordnen von Dingen nach bestimmten Kriterien, das Einschätzen von Mengen, das Erkennen von Formen und das Erfassen logischer Zusammenhänge. Im Kita-Alltag gibt es viele Situationen, in denen diese Fähigkeiten von Kindern unbewusst eingesetzt werden. Z. B. in der Bauecke beim Bauen eines Turmes, bei Würfelspielen, beim Aufräumen, beim Einhalten von Regeln, beim Kochen oder Backen, beim Klatschen zur Musik oder Experimentieren mit Wasser und Sand.

In diesem Buch finden Sie Spiele, die diese Vorläuferfähigkeiten fördern und Spaß am Umgang mit mathematischen Grundbausteinen vermitteln. Sie sind in folgende drei Rubriken unterteilt:

Sortieren, kategorisieren und vergleichen
Formen, Muster und Reihenfolgen
Zählen, wiegen und messen

Natürlich existieren diese Bereiche nicht unabhängig voneinander. Beim Lösen der einzelnen „Aufgaben" bzw. bei der Durchführung der Spiele sind immer mehrere Bereiche beteiligt. Zu jedem Spiel geben Ihnen die folgenden Symbole vorab wichtige Informationen:

Gruppengröße
Die Gruppengröße ist bei jedem Spiel angegeben. Viele Spiele eignen sich aber auch gut dazu, sie den Kindern im Freispiel über einen längeren Zeitraum zur Verfügung zu stellen.

Ein paar Worte vorab ...

Dadurch kann sich jedes Kind, seinem Entwicklungsstand und Interesse entsprechend, weiterhin mit diesen Spielen auseinandersetzen.

Das brauchen Sie dafür

Um einige der Spiele durchführen zu können, benötigen Sie Materialien. Wir haben uns bemüht, Dinge und Gegenstände zu benutzen, die kostengünstig und relativ einfach zu beschaffen sind. Viele der Materialien sind ohnehin in den Einrichtungen vorhanden. Manche Spiele benötigen etwas Vorbereitungszeit, um notwendige Materialien herzustellen. Da diese aber häufig auch für andere Spiele eingesetzt werden können, lohnt sich die Investition.

Das sollten Sie beachten

Unter diesem Punkt finden Sie wichtige Hinweise, die Sie bei der Durchführung oder Vorbereitung der Spiele beachten sollten.

Neben der konkreten Spielanleitung finden Sie häufig Tipps oder Spielvarianten, durch die die Spiele neue Impulse bekommen.

Wir wünschen Ihnen und den Kindern viel Spaß beim spielerischen Zählen, Messen und Vergleichen.

Ulrike Blucha

Iris Knauf

Sortieren, kategorisieren und vergleichen

Aus einer Menge verschiedener Dinge diejenigen mit einer bestimmten Eigenschaft auszuwählen, ist für Kinder eine alltägliche Angelegenheit, z.B. beim Heraussuchen passender Bausteine für einen Turm. Diese Fähigkeit ist wichtig, um einzelne Elemente aus einem großen Komplex herauszufiltern und Unterschiede erfassen zu können. Das spätere Kategorisieren von Dingen nach bestimmten Eigenschaften und Vergleichen im Hinblick auf diese ist schon ein großer mathematischer Entwicklungsschritt.

Klötze sortieren

Gruppengröße
beliebig

Das brauchen Sie dafür
viele verschiedenfarbige LEGO®-Steine oder Bauklötze; mehrere
Kästen oder Körbe

So geht es

Die Kinder sortieren die LEGO®-Steine oder Bauklötze nach zuvor
vereinbarten Kriterien in unterschiedliche Kästen oder Körbe. Kriterien
können beispielsweise Farbe, Form oder Länge sein. Die so entstandenen Mengen können für weitere Spiele verwendet werden, indem die
Kinder beispielsweise:

- schätzen, wovon die meisten Steine vorhanden sind.
- die unterschiedlichen Mengen zählen.
- einfarbige Türme bauen und so anhand der Höhe die Mengen
  vergleichen.

Tipp
Nach dem Bauen sortieren die Kinder die LEGO®-Steine oder Bauklötze wieder in die entsprechenden Körbe. Um ihnen dies zu erleich-
tern, können Sie die Körbe oder Kästen mit Piktogrammen bekleben.

Knopfsammelsurium

Gruppengröße
beliebig

Das brauchen Sie dafür
eine Kiste mit vielen verschiedenen Knöpfen; mehrere Schälchen oder
kleine Tabletts; Pappkarten; Filzstifte; Karten, die mit unterschiedlichen
Kriterien (Formen, Farben, Größen) bemalt und beschriftet wurden

So geht es

Die Kinder können zunächst die Knöpfe aus der Kiste nach beliebigen
Kriterien in die Schälchen oder auf die Tabletts sortieren, z. B. nach:

- Form
- Farbe
- Größe
- Material
- Anzahl der Löcher

Für die weiterführende Aktion bereiten Sie Kategoriekarten vor. Dazu
malen Sie auf jede Karte unterschiedliche Kriterien, z. B. rote oder
runde Knöpfe. Die Kinder ziehen dann eine Karte und suchen die entsprechenden Knöpfe aus der Kiste heraus.

Tipp
Die sortierten Knöpfe können dann für weitere Spiele oder Farb-
collagen verwendet werden.

Farbstreifen sortieren

Gruppengröße
bis 6 Kinder

Das brauchen Sie dafür
Farbkarten aus dem Baumarkt oder Malerbedarf; ein Laminiergerät; Laminierfolie; eine Schere; eine kleine Schachtel zum Aufbewahren der Farbkarten; für die Variation farbige Wäscheklammern

Das sollten Sie beachten
Planen Sie für die Vorbereitung etwa 30 Minuten ein.

So geht es

Holen Sie aus dem Baumarkt verschiedenfarbige Farbkarten in unterschiedlichen Farbabstufungen. Laminieren Sie diese Karten so, dass auf einer Karte jeweils nur ein Farbton zu sehen ist. Diese Karten können in einer Schachtel aufbewahrt und für viele Spiele verwendet werden. Die Kinder können z. B.:

○ gleichfarbige Karten heraussuchen und in eine Reihe legen.
○ die Karten je nach Farbton von hell bis dunkel sortieren.

Variation
Stellen Sie den Kindern zusätzlich farbige Wäscheklammern zur Verfügung. Die Kinder können nun die Farben der Klammern den gleichfarbigen Streifen zuordnen oder sie auf eine gespannte Leine hängen.

Waldcollage

Gruppengröße
beliebig

Das brauchen Sie dafür
pro Kind eine Tüte oder einen Korb und einen Bogen Tonkarton
oder feste Pappe; Klebstoff; Klebestreifen; einen Permanentmarker;
ein Waldgebiet

So geht es

Auf einem Waldspaziergang sammelt jedes Kind in seiner Tüte oder
seinem Korb viele „Schätze". Das können verschiedene Blätter, interessante Stöcke oder Zweige, Schneckenhäuser, Blüten usw. sein.
In der Kita werden diese „Schätze" betrachtet. Jedes Kind sortiert
dann anschließend seine Schätze nach Kategorien, die es selber festlegt. Es kann z. B. nach Pflanzen, Größen oder Farben unterscheiden.
Nun bekommt jedes Kind einen Bogen Tonkarton oder Pappe und klebt
seine Schätze so auf, dass die gefundenen Kategorien erkennbar sind.
Schreiben Sie dann den jeweiligen Oberbegriff neben die Einteilungen.

Größer – kleiner

Gruppengröße
2 Kinder

Das brauchen Sie dafür
2 weiße Pappkarten; einen Permanentmarker; Steine in unterschiedlichen Größen

So geht es

Zeichnen Sie auf die Pappkarten einmal das Zeichen für „größer
als" (>) und einmal das Zeichen für „kleiner als" (<), und erklären Sie
den Kindern die Bedeutung der Symbole. Jedes Kind bekommt nun
eine der Pappkarten und jeweils einen großen oder einen kleinen Stein
als Anfangspunkt. Danach suchen sich die Kinder entsprechende Steine
aus dem Vorrat, um jeweils eine zu ihrem Zeichen passende Reihe zu
legen, in der die Steine entweder größer oder kleiner werden.

Variation
Legen Sie einen mittelgroßen Stein in die Mitte, und ein Kind muss nun
nach links die kleineren Steine und ein anderes nach rechts die größe-
ren Steine sortieren. Die Karten zeigen über dem mittleren Stein die
Richtung an.

Steingedicht

Gruppengröße
3–4 Kinder

Das brauchen Sie dafür
5 unterschiedlich große Steine; einen Lackstift

So geht es

Malen Sie mit dem Lackstift auf jeden Stein ein Gesicht, und legen Sie
die Steine der Größe nach nebeneinander. Zuerst agieren Sie mit den
Steinen zu dem unten stehenden Text, während Sie ihn sprechen.
Später übernehmen die Kinder das Agieren mit den Steinen.

> *Die Steine, die ich gestern fand,*
> *lagen alle gemeinsam am Wegesrand.*
> *Sie lagen dort von klein bis groß,*
> *und als sie mich sahen, plapperten sie los.*
> *Der kleinste sagte zum mittleren keck:*
> *„Du liegst schon wieder im dicksten Dreck."*
> *Da sprach der mittlere zum größten Stein:*
> *„Komm mit, hier ist es wirklich nicht fein."*
> *Der zweitkleinste kullerte rundherum.*
> *„Schon wieder weg? Das ist doch dumm!"*
> *Doch der zweitgrößte rollte schon fort von hier.*
> *Da folgten ihm die anderen vier.*
> *Sie legten sich wieder in Reih' und Glied*
> *von klein nach groß, wie man hier sieht.*

Gegensatzcollage

Gruppengröße
2–3 Kinder

Das brauchen Sie dafür
pro Kind eine Schere und Klebstoff; Zeitschriften, Prospekte oder Kataloge; einen großen Bogen Papier oder Tonpapier; einen Permanentmarker

So geht es

Mit dem Permanentmarker wird das Papier in zwei Hälften unterteilt. Auf die eine Hälfte malen Sie oben einen großen Kreis als Symbol für „groß". Auf die andere Hälfte malen Sie oben einen kleinen Kreis als Symbol für „klein". Nun schneiden die Kinder aus den Zeitschriften, Prospekten oder Katalogen ganz unterschiedliche Motive aus, die sie dann den Symbolen „klein" bzw. „groß" zuordnen und in der entsprechenden Spalte aufkleben. Dabei ergeben sich viele Gesprächsanlässe. Die Kinder können z.B. erklären, warum sie etwas dem gewählten Symbol zuordnen, ob etwas Großes in einem anderen Verhältnis auch klein sein kann oder ob jeder die gleiche Einschätzung hat.
Ein Auto ist z.B. im Vergleich zu einem Dreirad groß, aber im Verhältnis zu einem Bus klein.

Variation
Natürlich kann auch zu anderen Gegensätzen, wie z.B. „hart – weich", „laut – leise", „schnell – langsam" oder „rund – eckig" eine Collage geklebt werden.

Seilvergleich

Gruppengröße
5–20 Kinder

Das brauchen Sie dafür
ein langes Seil

So geht es

Legen Sie das Seil gerade auf den Boden. Die Kinder stellen sich daneben in eine Reihe. Sagen Sie den Kindern dann, wie sie sich positionieren sollen:

> *Stellt euch der Körpergröße/der Schuhgröße/dem Alter/der Anzahl*
> *der Buchstaben eures Vornamens/der Anzahl eurer Geschwister*
> *nach auf.*

Das linke Ende des Seils entspricht dabei der kleinsten Zahl und das
rechte Ende der größten. Bei diesem Spiel ist es wichtig, dass sich die
Kinder untereinander absprechen und Größen, Alter usw. vergleichen,
bevor sie sich am Seil positionieren.

Tipp
Dieses Spiel kann auch gut als Eltern-Kind-Aktion durchgeführt werden.

Sortieren, kategorisieren und vergleichen

Gut beobachtet

Gruppengröße
ab 4 Kindern

Das brauchen Sie dafür
pro Kind einen Stuhl; Materialien, die sich in unterschiedliche Kategorien aufteilen lassen, z. B. Stifte, Bausteine, Knöpfe, Autos, Besteck, rote/blaue/gelbe Gegenstände

So geht es

Die Kinder sitzen im Stuhlkreis. Die Gegenstände liegen in der Mitte des Kreises. Die Kinder legen sie in passende Kategorien, sodass sie auch optisch gut voneinander getrennt sind. Dann wird ein Kind aus dem Kreis ausgewählt. Es dreht sich um, während ein anderes Kind einen Gegenstand aus einer Kategorie nimmt und ihn zu einer anderen, „falschen" Kategorie legt. Nun darf sich das erste Kind wieder umdrehen und den Fehler suchen. Ist es ihm gelungen, legt es den Gegenstand wieder in die „richtige" Kategorie zurück, und zwei andere Kinder sind an der Reihe.

Sortieren, kategorisieren und vergleichen

Schuhsalat

Gruppengröße
ab 6 Kindern

Das brauchen Sie dafür
die Hausschuhe oder Schuhe der Kinder

So geht es

Alle Kinder sitzen im Kreis und ziehen ihre Schuhe aus. Die Schuhe
werden in die Kreismitte gelegt. Nun darf ein Kind den „Schuhsalat"
umrühren, sodass alle Schuhe durcheinander auf einem Haufen liegen.
Dann wird ein Kind ausgewählt, dass ein Schuhpaar aus dem „Schuhsalat" heraussucht und es dem richtigen Kind zuordnet. Stimmt die
Zuordnung, ist das zu den Schuhen passende Kind an der Reihe und
sucht ein neues Schuhpaar heraus. Das Spiel endet, wenn alle Kinder
wieder ihre Schuhe haben.

Tipp
Besonders interessant wird es, wenn mehrere Kinder das gleiche
Schuhpaar nur in unterschiedlichen Größen haben.

Socken-Memo

Gruppengröße
6–10 Kinder

Das brauchen Sie dafür
mehrere Sockenpaare in unterschiedlichen Farben, Größen und Mustern; einen Wäschekorb; eine Wäscheleine

So geht es

Die Socken werden in einen Wäschekorb gelegt. Die Kinder haben die Aufgabe, passende Paare zu finden und sie zusammen auf die Leine zu hängen.

Variation
Dieses Spiel kann auch als Wettspiel durchgeführt werden. Es werden zwei Mannschaften gebildet, die um die Wette die passenden Sockenpaare finden und auf ihren Teil der Leine hängen. Welche Mannschaft zum Schluss die meisten Paare gefunden hat, gewinnt.

Rote Karte – gelbe Karte

Gruppengröße
beliebig

Das brauchen Sie dafür
rote und gelbe Karten (jeweils eine Karte mehr, als Kinder mitspielen);
Gegenstände zweier verschiedener Kategorien; einen großen Korb

So geht es

Die Kinder sitzen nebeneinander in einer Reihe. Eine rote und eine
gelbe Karte liegen vor ihnen auf dem Boden. Außerdem bekommt
jedes Kind eine rote und eine gelbe Karte. Zeigen Sie den Kindern die
Gegenstände, und suchen Sie gemeinsam eine Bezeichnung für jede
der beiden Kategorien, z. B. Kuscheltiere und Fahrzeuge. Ordnen Sie je
einen Gegenstand einer Farbe zu, sodass die Kinder eine Orientierung
haben, und geben Sie die restlichen Gegenstände in den Korb. Nun
holen Sie die Gegenstände nacheinander langsam aus dem Korb, und
die Kinder zeigen per Karte an, auf welchen Stapel sie gelegt werden
müssen. Im nächsten Durchgang übernimmt dann ein Kind Ihre Rolle.
Die Kinder können dieses Spiel beliebig oft auch mit Gegenständen
anderer Kategorien wiederholen.

Trio-Memo

Gruppengröße
4 Kinder

Das brauchen Sie dafür
pro Kind eine Schere und Klebstoff; 39 gleich große Pappstücke; alte
Kataloge oder Prospekte

So geht es

Die Kinder schneiden aus Katalogen oder Prospekten Bilder von je-
weils drei Gegenständen aus, die zu einem gemeinsamen Oberbegriff
passen, z. B. Messer – Löffel – Gabel, Hose – Jacke – Pulli, Eimer –
Schaufel – Sieb usw. Jedes Bild kleben sie dann auf eines der Papp-
stücke.
Nun wird nach Memo-Regeln, allerdings mit drei Karten gespielt. Ein
Kind deckt also drei Karten nacheinander auf. Gehören diese drei
Karten zum gleichen Oberbegriff, darf es sie alle behalten. Wenn nicht,
werden sie wieder umgedreht, und das nächste Kind ist an der Reihe.
Gewonnen hat, wer am Ende die meisten „Trios" gefunden hat.

Tipp
Laminieren Sie die Karten für bessere Haltbarkeit.

Bilderlotto

Gruppengröße
4 Kinder

Das brauchen Sie dafür
alte Kataloge oder Werbeprospekte in doppelter Ausführung; Scheren; Klebstoff; ein Laminiergerät; Laminierfolie; Pappe; einen Tisch

Das sollten Sie beachten
Für die Herstellung des Spiels sollten Sie etwa 60 Minuten einplanen.

So geht es

Zuerst werden vier Kategorien festgelegt, zu denen die Lottokarten gestaltet werden sollen, z. B. Spielzeug, Tiere, Kleidung, Möbel. Die Pappe wird so zugeschnitten, dass es pro Kategorie eine große und sechs kleine Karten gibt. Die kleinen Karten müssen zusammen auf die große Karte passen. Nun werden zu jeder Kategorie sechs Gegenstände 2-fach ausgesucht und jeweils einmal auf die große Karte und einmal auf eine kleine Karte geklebt. Zur besseren Haltbarkeit laminieren Sie alle Karten.

Nun werden die kleinen Karten verdeckt in die Mitte des Tisches gelegt, und jedes Kind erhält eine große Karte, die es offen vor sich hinlegt. Ein Kind beginnt und deckt eine kleine Karte auf. Passt sie auf die große Karte, darf das betreffende Kind sie behalten, wenn nicht muss es sie wieder zurücklegen. Dann ist das nächste Kind dran. Gewonnen hat das Kind, das zuerst alle sechs Karten seiner Kategorie gefunden hat.

Blitzkäufe

Gruppengröße
12–16 Kinder

Das brauchen Sie dafür
pro Kind eine Schere und Klebstoff; 4 Bögen Fotokarton; Lebensmittel-
prospekte; einen Permanentmarker; Klebfilm; 4 Gymnastikreifen oder
Turnmatten; eine Handtrommel; einen Bewegungsraum

So geht es

Bei diesem Spiel geht es darum, verschiedene Lebensmittel zu klassifizieren. Dafür werden die Prospekte auf dem Tisch verteilt und die
abgebildeten Lebensmittel benannt. Anschließend haben die Kinder
die Aufgabe, zunächst alle Backwaren (Brot, Kuchen, Brötchen, Torte)
aus den Prospekten auszuschneiden und auf einen Bogen Fotokarton
zu kleben, der von Ihnen mit dem Wort „Bäcker" beschriftet wurde.
Auf diese Weise werden drei weitere Plakate erstellt, eines für Obst
(Obststand), eines für Gemüse (Gemüsestand) und eines für Fleisch-
und Wurstwaren (Fleischer). Die fertigen Plakate werden an unterschiedlichen Wänden im Bewegungsraum befestigt, sodass es vier
verschiedene Läden (Bäcker, Obststand, Gemüsestand, Fleischer) gibt.
Die Kinder laufen dann im Rhythmus der Handtrommel durch den
Raum. Bei einem Musikstopp rufen Sie ein Lebensmittel aus, z. B.
„Kartoffeln". Die Kinder müssen blitzschnell dieses Lebensmittel
klassifizieren und zum Gemüsestand laufen. So werden mehrere Runden gespielt.

Tipp
Ist dieses Spiel ausgereizt, können die angefertigten Plakate für
Verkaufsstände im Freispiel verwendet werden.

Sortieren, kategorisieren und vergleichen

Klammerblumen

Gruppengröße
4 Kinder

Das brauchen Sie dafür
Wäscheklammern in 4 verschiedenen Farben (12 pro Farbe); pro Farbe
einen Tonkarton in derselben Farbe; einen Stift; eine Schere; ein Laminiergerät; Laminierfolie; einen kleinen Korb; einen Würfel mit den
Augenzahlen 1–3

So geht es

Schneiden Sie aus dem Tonkarton pro Farbe einen Kreis im Durchmesser von etwa 15 Zentimetern aus, und laminieren Sie die Kreise. Legen
Sie die bunten Wäscheklammern und den Würfel in den kleinen Korb.
Jedes Kind sucht sich einen Farbkreis aus. Ein Kind beginnt und würfelt. Je nach Punktzahl des Würfels nimmt es sich entsprechend viele
Klammern in der passenden Farbe aus dem Korb und heftet sie an
seine Blume. Dann ist das nächste Kind dran. Wer zuerst alle 12 Wäscheklammern an seiner Blume hat, ist der Sieger.

Variation
Jüngere Kinder können das Spiel auch ohne den Würfel spielen. Jedes
Kind nimmt sich einen Kreis und befestigt daran die farblich dazu
passenden Wäscheklammern, sodass eine „Klammerblume" entsteht.

Schlüsselsuche

Gruppengröße
2–4 Kinder

Das brauchen Sie dafür
mehrere alte Schlüssel; DIN-A4-Papier; ein Kopiergerät; ein Laminiergerät; Laminierfolie; ein kleines Schälchen oder einen kleinen Korb

Das sollten Sie beachten
Für die Vorbereitung sollten Sie etwa 15 Minuten einplanen.

So geht es

Sammeln Sie möglichst viele unterschiedliche Schlüssel, die nicht mehr benötigt werden. Legen Sie jeweils fünf bis acht Schlüssel gemeinsam auf den Kopierer, und fertigen Sie eine Kopie an. Laminieren Sie die kopierten „Schlüssel-Blätter" zur besseren Haltbarkeit, und legen Sie die Schlüssel in ein Schälchen oder einen kleinen Korb. Die Kinder nehmen sich ein laminiertes „Schlüssel-Blatt" und versuchen dann, die passenden Schlüssel zu finden und sie auf die entsprechenden Schlüsselkopien zu legen.

Tipp
Bei jüngeren Kindern sollten maximal fünf Schlüssel auf einem „Schlüssel-Blatt" abgebildet sein, die sich deutlich voneinander unterscheiden.

Wer gleicht mir?

Gruppengröße
beliebig

Das brauchen Sie dafür
eine Handtrommel; einen Gymnastikreifen

So geht es

Legen Sie den Gymnastikreifen in die Mitte des Raumes. Schlagen Sie schnell auf die Handtrommel, während die Kinder sich dazu im Raum bewegen. Nach einem lauteren Schlag stoppen die Kinder. Bestimmen Sie eine Gruppe von Kindern, indem Sie ihnen ein Merkmal zurufen, z. B. „alle Kinder mit langen Haaren". Alle Kinder, auf die dieses Merkmal zutrifft, begeben sich zum Gymnastikreifen. Dann wird wieder gemeinsam zum Schlag der Handtrommel gelaufen. Beim nächsten lauten Schlag rufen Sie ein anderes Merkmal aus, z. B.:

- alle Kinder mit kurzen Haaren
- alle Kinder mit dunklen Haaren
- alle Kinder, die 3/4/5/6 Jahre alt sind
- alle Kinder, die rot/schwarz/weiß/blau in ihrer Kleidung haben
- alle Kinder, die schon einen Zahn verloren haben
- alle Kinder, die heute zu Fuß zur Kita gekommen sind

Tipp
Dieses Spiel kann gut in die Aufwärmphase einer Bewegungseinheit aufgenommen werden.

Bildkarten sortieren

Gruppengröße
2–4 Kinder

Das brauchen Sie dafür
eine Digitalkamera; einen Drucker; ein Laminiergerät; Laminierfolie

So geht es

Machen Sie Fotos von verschiedenen Abläufen in der Kita, die den
Kindern bekannt sind, z. B. vom Händewaschen, vom Zubereiten eines
Obstsalates, vom Malen eines Bildes, vom Zähneputzen usw. Fotogra-
fieren Sie die einzelnen Handlungsfolgen Schritt für Schritt. Für das
Händewaschen könnten Sie z. B. folgende Fotos machen:

1. Wasserhahn aufdrehen
2. Seife nehmen
3. Hände einseifen
4. Seife mit Wasser abwaschen
5. Wasserhahn zudrehen
6. Hände abtrocknen

Drucken Sie die Fotos aus, und laminieren Sie sie. Die Kinder sollen
dann die Handlungsabläufe in die richtige Reihenfolge bringen und
erzählen, was passiert.

Tipp
Für jüngere Kinder fotografieren Sie am besten einfache, kurze Handlungsabläufe aus dem Alltag. Bei älteren Kindern können die Abläufe
mehrschrittig und komplexer sein.

Geräuschfamilien

Gruppengröße
ab 3 Kindern

Das brauchen Sie dafür
ein Aufnahmegerät (MP3-Player, Kassettenrekorder); Lautsprecher;
eine Digitalkamera; einen Drucker; feste Pappe; Klebstoff; eine Schere

Das sollten Sie beachten
Haben Sie Ihre Kamera und das Aufnahmegerät am besten über mehrere Tage dabei, um gute Aufnahmen zu machen.

So geht es

Zur Vorbereitung nehmen Sie in der Kita oder im Außengelände Geräusche auf, die einem spezifischen Bereich, wie z. B. Küche, Waschraum,
Werkraum, Turnraum, Sandkasten, zugeordnet werden können. Pro
Bereich nehmen Sie vier bis fünf Geräusche auf. Machen Sie außerdem
von jedem Bereich ein Foto. Drucken Sie die Fotos aus, und kleben Sie
jedes auf ein Stück Pappe. Sind Sie mit den Vorbereitungen fertig, kann
das Spiel beginnen. Spielen Sie den Kindern die Geräusche vor. Sie
müssen dann raten, was sie hören und wo es aufgenommen wurde.
Haben die Kinder richtig geraten, legen Sie die passende Bildkarte vor
den Kindern aus.

Variation

Wenn die Kinder das Spiel schon einige Male gespielt haben und die
Geräusche gut kennen, nehmen Sie diese noch einmal in gemischter
Reihenfolge auf. Drei bis vier Kinder können dann die Karten vor sich
auslegen. Sie hören sich die Geräusche an, und wer das Geräusch
zuerst erkennt, ruft, worum es sich handelt, und tippt auf die Karte des
dazugehörenden Bereichs.

Sortierkästen anlegen

Gruppengröße
beliebig

Das brauchen Sie dafür
3 Kästen mit vielen kleinen Fächern, z. B. Werkzeugkästen oder Setz-
kästen

So geht es

Platzieren Sie die Kästen an unterschiedlichen Stellen, die für alle gut
einsehbar und erreichbar sind, im Gruppenraum. Geben Sie zu jedem
Kasten einen einfachen Oberbegriff vor, nach dem Materialien in diesen Kasten einsortiert werden sollen, z. B. „rote Gegenstände", „weiche Gegenstände", „glänzende Gegenstände". Geben Sie selber zwei
bis drei passende Gegenstände in jeden Kasten. In den nächsten Tagen
bestücken die Kinder die restlichen Fächer, vielleicht auch sogar mit
besonderen Sachen, die sie von zu Hause mitgebracht haben. Es darf
in jedem Fach immer nur ein Gegenstand liegen. Die Gegenstände
können aber auch ausgetauscht werden, solange sie stets zum Oberbegriff passen.
Nach einigen Tagen geben Sie zu einem der Kästen einen neuen Oberbegriff vor. Einige Tage später zu einem anderen Kasten. So bleibt das
Sortieren immer interessant, wird aber nicht unübersichtlich.

Eine runde Sache

Gruppengröße
beliebig

Das brauchen Sie dafür
einen Tisch oder ein leeres Regal; einige runde Gegenstände, wie
Perlen, Bälle usw.

So geht es

Die Kinder sitzen im Kreis zusammen. In der Kreismitte liegen einige
runde Gegenstände, die die Kinder zunächst benennen und „begreifen" sollen. Danach wird überlegt, was all diese Gegenstände gemeinsam haben. Wenn die Kinder dies erfasst haben, erhalten sie die Aufgabe, weitere runde Gegenstände zu suchen und in den Kreis zu
bringen. Dann werden die Gegenstände betrachtet und als Ausstellung
auf den Tisch gelegt. Natürlich kann diese Ausstellung jederzeit erweitert werden.

Variation
Weiterführend können die Kinder eine runde Collage anfertigen, indem
sie aus Katalogen, Prospekten, Zeitschriften usw. runde Dinge ausschneiden und auf eine große, kreisförmige Pappe kleben.

Tipp
Achten Sie bei Spaziergängen auf runde Dinge, und machen Sie die
Kinder darauf aufmerksam.

Sortieren, kategorisieren und vergleichen

Orgelpfeifen

Gruppengröße
ab 4 Kindern

Das brauchen Sie dafür
pro Kind einen Stuhl, ein Papiermaßband oder einen Papierstreifen;
einen Stift; eine Schere; Klebfilm

So geht es

Ein Kind wird mit seinem Papiermaßband oder Papierstreifen gemes-
sen. Auf Höhe der Körpergröße des Kindes wird es abgeschnitten.
Schreiben Sie den Namen des Kindes und das Datum der Messung auf
das Maßband. So werden nach und nach von allen Kindern Maßbänder angefertigt. Im Stuhlkreis werden die Maßbänder nebeneinander-
gelegt, sodass die Kinder vergleichen können:

- Wer ist der/die Größte?
- Wer ist der/die Kleinste?
- Gibt es Kinder die gleich groß sind?
- Sortiert alle Maßbänder der Größe nach!

Die der Größe nach sortierten Maßbänder können an eine freie Wand
im Gruppenraum geklebt werden, sodass die Kinder immer wieder ihre
Größe überprüfen können.

Tipp
Die Messung sollte nach einem Zeitraum von etwa drei Monaten
wiederholt werden, um festzustellen, ob sich etwas verändert hat.

Sortieren, kategorisieren und vergleichen

Maßstab

Gruppengröße
8–12 Kinder

Das brauchen Sie dafür
unterschiedlich lange Stöcke

So geht es

Die Kinder bilden einen Kreis. In der Kreismitte liegen verschieden
lange Stöcke. Jedes Kind darf sich einen aussuchen und erhält die
Aufgabe, etwas zu finden, das genauso lang ist wie der Stock, der als
„Maßstab" dient. Die gesammelten Gegenstände werden nach der
Suchphase in die Kreismitte gelegt und miteinander verglichen. Das
gibt den Kindern die Möglichkeit, die Begriffe „kleiner" und „größer",
„länger" und „kürzer" sowie „gleich groß" und „gleich lang" noch
einmal genau zu überdenken und zu „begreifen".

Tipp
Dieses Spiel ist auch hervorragend als Abwechslung bei einem Ausflug
in den Wald geeignet.

Fußstapfen

Gruppengröße
ab 4 Kindern

Das brauchen Sie dafür
pro Kind einen Bleistift, eine Schere und ein Stück buntes Tonpapier;
ein Maßband oder einen Zollstock

So geht es

Die Kinder stellen jeweils den rechten Fuß auf ein passendes Stück
Tonpapier, und Sie oder ein anderes Kind malen mit einem Bleistift
einmal eng um den Fuß herum. Dann schneiden die Kinder ihren Pa-
pierfuß aus. Mit den Papierfüßen kann man nun viele Vergleiche an-
stellen, z. B.:

○ Welche Füße sind gleich groß?
○ Wer hat die größten Füße?
○ Wer hat die schmalsten Füße?
○ Wie viele Fußlängen brauche ich von der Tür bis zum Schrank?
○ Wie viele Füße passen in die Bauklotzkiste?
○ Wie viele Füße hoch ist die Tür?
○ Wie lang ist die Strecke, wenn alle Papierfüße nebeneinander-
   liegen?
○ Wie lang ist die Strecke, wenn alle Papierfüße hintereinander-
   liegen?

Tipp
Lassen Sie die Kinder ihre Ergebnisse auf einem großen Plakat doku-
mentieren. Um die Ergebnisse herum können sie später die Papierfüße
als Dekoration aufkleben.

Mengenvergleich

Gruppengröße
6–8 Kinder

Das brauchen Sie dafür
pro Kind ein durchsichtiges Kunststoffgefäß gleicher Art; mehrere
Schalen mit unterschiedlichen Materialien, wie Erbsen, Vogelsand,
Linsen, Reis usw.; pro Schale einen Esslöffel; eine Küchenwaage mit
einer Schale

So geht es

Die Kinder bilden einen Kreis. Die Schalen mit den unterschiedlichen
Materialien stehen in der Kreismitte. In jeder Schale liegt ein Esslöffel.
Jedes Kind hat ein Kunststoffgefäß und sucht sich ein Material aus, von
dem es 100 Gramm abwiegt und in sein Gefäß füllt. Dann wird die
Füllhöhe der Gefäße verglichen. So werden die Kinder feststellen, dass
unterschiedliche Materialien eine unterschiedliche Dichte haben, was
an der Füllhöhe erkennbar ist.

Variation
Spannend ist es für die Kinder auch, alle Gefäße bis zur gleichen Füll-
höhe zu befüllen und sie dann zu wiegen, um zu sehen, wie groß die
Unterschiede sein können.

Wassergießen

Gruppengröße

3–4 Kinder

Das brauchen Sie dafür

pro Kind ein durchsichtiges Gefäß und einen kleinen Jogurtbecher; Wasser; eine große Schüssel oder einen kleinen Eimer; einen Zettel; einen Stift

Das sollten Sie beachten

Achten Sie darauf, dass die Jogurtbecher alle gleich groß sind und die durchsichtigen Gefäße alle verschieden groß und breit sind.

So geht es

Füllen Sie eine große Schüssel oder einen kleinen Eimer mit Wasser. Jedes Kind hat ein durchsichtiges Gefäß und einen Jogurtbecher und schöpft nun einen Jogurtbecher voll Wasser aus der Schüssel oder dem Eimer in sein Gefäß. Dann schauen die Kinder, wie hoch der Wasserstand in jedem Gefäß ist, und diskutieren, warum es Unterschiede gibt. Im Anschluss füllen die Kinder nacheinander jedes Gefäß mit Wasser und zählen dabei, wie viele Jogurtbecher voll Wasser dazu jeweils benötigt werden. Auf einem kleinen Zettel werden entsprechende Strichlisten geführt und den Gefäßen zugeordnet.

Formen, Muster und Reihenfolgen

Überall in unserer Umgebung sind geometrische Formen zu finden: Tische und Türen sind oft rechteckig, Verkehrsschilder manchmal dreieckig und die Mitte eines Gänseblümchens ist rund. Die Kinder entdecken so die Eigenschaften verschiedener Formen und vergleichen sie miteinander. Beim Bauen und Konstruieren setzen sie Gegenstände in räumliche Beziehung und entwickeln so ein erstes Verständnis für Geometrie. Auch die Fähigkeit, Muster und Regelmäßigkeiten zu entdecken, ist wichtig, um Zusammenhänge in der Mathematik erfassen zu können, da auch Rechenregeln bestimmte Muster und Regelmäßigkeiten aufweisen. Das Bilden von Reihenfolgen, wie z. B. das Auffädeln von Perlen zu einer Kette, übt genaues Beobachten und das Erkennen solcher Regelmäßigkeiten.

Reifenrundherum

Gruppengröße
bis 12 Kinder

Das brauchen Sie dafür
pro Kind einen Reifen; eine Handtrommel

So geht es

Jedes Kind erhält einen Reifen und kann damit zunächst experimentieren. Dann werden die Reifen so auf den Boden gelegt, dass dazwischen ausreichend Platz ist. Geben Sie den Kindern dann z. B. folgende Spielanregungen:

○ Fühlt die Form des Reifens mit den Händen nach!
○ Balanciert auf dem Reifen, und nehmt so die Kreisform mit den Füßen wahr!
○ Springt in den Reifen hinein und wieder heraus!
○ Umrundet den Reifen so, dass ein Bein im Reifen und das andere Bein außerhalb des Reifens ist!
○ Umrundet den Reifen so, dass das linke Bein und die linke Hand im Reifen und das rechte Bein und die rechte Hand außerhalb des Reifens sind!
○ Bildet aus allen Reifen einen großen Kreis, und lauft/springt/krabbelt nacheinander von Reifen zu Reifen! Wechselt beim Signal der Handtrommel die Laufrichtung!
○ Lauft innerhalb des großen Kreises, dann auf ein Signal mit der Handtrommel außerhalb des Kreises!
○ Rollt zum Abschluss nacheinander eure Reifen zum Aufbewahrungsort, und helft, sie wegzuräumen!

Finde die Form!

Gruppengröße
8–12 Kinder

Das brauchen Sie dafür
einen Außenbereich mit einer asphaltierten oder gepflasterten Fläche;
Kreide; eine Handtrommel

So geht es

Zeichnen Sie mit der Kreide im Außengelände verschiedene geometrische Formen auf den Boden, z. B. ein Quadrat, ein Rechteck, ein Dreieck und einen Kreis. Schlagen Sie die Handtrommel, zu der sich die
Kinder auf dem Gelände bewegen. Stoppen Sie das Handtrommelspiel,
und rufen Sie eine Form aus. Die Kinder laufen dann möglichst schnell
zu der entsprechenden Form.

Tipp
Sie können das Spiel natürlich auch im Bewegungsraum spielen. Dann
bietet es sich an, die Formen mit langen Seilen zu legen, statt sie mit
Kreide auf den Boden zu malen.

Formenwettlauf

Gruppengröße
6–12 Kinder

Das brauchen Sie dafür
einen Außenbereich mit einer asphaltierten oder gepflasterten Fläche;
Kreide; einen großen Formenwürfel

So geht es

Zeichnen Sie mit der Kreide zunächst eine Start- und Ziellinie auf den
Boden. Zwischen diese beiden Linien zeichnen Sie eine Vielzahl der
Formen, die auf Ihrem Formenwürfel vorhanden sind, z. B. Kreise, Dreiecke, Rechtecke, Quadrate usw. Sie sollten so groß sein, dass jeweils
zwei Kinderfüße darin Platz haben. Die Kinder stellen sich nebeneinander hinter der Startlinie auf. Ein Kind darf würfeln. Zeigt der Würfel die
Form „Kreis" an, müssen die Kinder versuchen, einen Kreis in ihrer
Nähe zu finden, auf den sie sich stellen können. Jede Form darf immer
nur von einem Kind betreten werden. Ziel des Spiels ist es, von Form zu
Form bis zur Ziellinie zu gelangen. So wird nach und nach gewürfelt,
bis ein Kind die Ziellinie erreicht hat.

Variation
Legen Sie vor dem Spiel eine Zahl fest, z. B. die Zahl 4. Die Kinder
müssen nun versuchen, in nur vier Spielzügen von Form zu Form bis
zur Ziellinie zu gelangen.

Formensport

Gruppengröße
8–12 Kinder

Das brauchen Sie dafür
einen Bewegungsraum; Kreppklebeband; einen CD-Spieler; eine CD mit
schneller Musik

So geht es

Kleben Sie im Bewegungsraum mit dem Kreppklebeband ein großes
Quadrat, ein großes Rechteck, ein großes Dreieck und einen großen
Kreis auf den Fußboden. Die Kinder bewegen sich im gesamten Raum
zur Musik. Wird die Musik unterbrochen, bekommen sie jedes Mal eine
Aufgabe, die sie ausführen müssen, bis die Musik wieder einsetzt.
Mögliche Aufgaben sind z. B.:

○ Trefft euch alle im Kreis!
○ Hüpft alle in das Quadrat hinein und rückwärts/vorwärts/seitwärts
   wieder heraus!
○ Geht mit Tipp-Topp-Schritten die Form des Dreiecks nach!
○ Krabbelt an der Form des Rechtecks entlang!
○ Alle Mädchen treffen sich im Kreis, alle Jungen im Quadrat!

Tipp
Besonders viel Spaß macht das Spiel, wenn die Kinder auch selber
Aufgaben erfinden dürfen.

Zeitungstanz

Gruppengröße
10–12 Kinder

Das brauchen Sie dafür
pro Kind eine Zeitungsdoppelseite; einen CD-Spieler; eine Musik-CD

So geht es

Zuerst schauen sich die Kinder die Form ihres Zeitungsblattes einmal ganz genau an. Sie bestimmen die Form, vergleichen die Länge der Seiten usw. Dann sucht sich jedes Kind einen Platz im Raum mit reichlich freiem Platz zu seinen Nachbarn und legt die Zeitung aufgefaltet auf den Boden. Jedes Kind stellt sich auf seine Zeitung und beginnt, sich vorsichtig zur Musik darauf zu bewegen. Dann wird die Musik ausgesetzt und die Zeitung einmal in der Mitte gefaltet. Die Kinder betrachten noch einmal die kleiner gewordene Form und stellen sich wieder auf die Zeitung. Die Musik beginnt, und es wird weiter getanzt. Beim nächsten Musikstopp wird das Zeitungsblatt wieder in der Mitte gefaltet, genau betrachtet und dann wieder darauf getanzt. So wird das Spiel fortgesetzt, bis die Kinder nicht mehr auf ihren Zeitungsblättern stehen können.

Mein rechter, rechter Platz ist leer

Gruppengröße
ab 8 Kindern

Das brauchen Sie dafür
pro Kind eine geometrische Form in einer anderen Farbe; Stühle
(einen mehr als Kinder mitspielen)

So geht es

Die Kinder sitzen im Stuhlkreis. Ein Stuhl ist frei. Die Formen liegen in
der Mitte des Kreises. Das Kind, an dessen rechter Seite der Stuhl frei
ist, klopft mit einer Hand auf diesen Stuhl und sagt: „Mein rechter,
rechter Platz ist leer, ich wünsche mir den/die (Name eines Kindes)
her." Das aufgerufene Kind fragt daraufhin: „Was soll ich mitbrin-
gen?" Das erste Kind antwortet z. B.: „Einen roten, kleinen Kreis." Mit
der gewünschten Form macht sich das Kind dann auf den Weg und
setzt sich auf den freien Stuhl. Nun ist das Kind an der Reihe, an dessen rechter Seite jetzt der Stuhl frei ist. Es wird gespielt, bis jedes Kind
einmal an der Reihe war.

Tipp
Wenn Sie keine bunten geometrischen Formen aus einem Spiel haben,
können Sie und die Kinder ganz einfach welche aus buntem Tonpapier
ausschneiden.

Formen-Rap

Gruppengröße
ab 8 Kindern

Das brauchen Sie dafür
pro Kind eine Schere, einen Bleistift und ein Lineal; Tonpapier in
verschiedenen Farben; eine große, runde Form (z. B. einen Teller);
einen Locher; Wolle

So geht es

Die Kinder zeichnen mit Hilfe des Lineals und der runden Form verschiedene Quadrate, Kreise, Rechtecke, Dreiecke und Ovale groß auf
das Tonpapier und schneiden sie aus. Die Formen werden an der Ober-
kante gelocht. Durch die Löcher wird Wolle gezogen, damit die Kinder
die Formen umhängen können. Jedes Kind bekommt eine Form. Bei der
Aufführung des Raps stellen sich die Kinder in einer Reihe auf. Wird die
Form im Rap genannt, die sie um den Hals tragen, treten sie einen
Schritt vor. Der Sprechgesang kann mit Stampfen, Klatschen oder
anderen Körpergeräuschen begleitet werden:

> Wir Quadrate sind nicht bang. Alle uns're Seiten sind gleich lang.
> Wir Kreise, wir sind gar nicht dumm. Bei uns dreht sich alles rund-
> herum.
> Viele Rechtecke seht ihr hier. Zwei kurze und zwei lange Seiten
> haben wir.
> Dreiecke werden wir genannt. Habt ihr uns're drei Spitzen erkannt?
> Wir sind oval so wie ein Ei und sind gerne hier dabei.
> Fünf Formen sind dir nun bekannt. Sag, wie werden sie genannt?

Im Anschluss zählen die Kinder die Formen noch einmal auf.

Hüpfkreis

Gruppengröße
3–4 Kinder

Das brauchen Sie dafür
ein Außengelände mit einer asphaltierten oder gepflasterten Fläche;
Kreide

So geht es

Malen Sie mit Straßenkreide im Außengelände einen Kreis mit einem
Durchmesser von etwa 2,5 Metern auf, und teilen Sie ihn in zwölf „Tortenstücke" ein. Schreiben Sie durcheinander die Zahlen von 1 bis 12 in
die Felder. Nun hüpfen die Kinder hintereinander von Feld zu Feld.
Dabei müssen sie allerdings die Reihenfolge der Nummerierung einhalten.

Variation
Für jüngere Kinder teilen Sie den Kreis in nur sechs „Tortenstücke" ein
und schreiben durcheinander die Zahlen von 1 bis 6 in die Felder. So
haben Sie eine einfachere Variante des Spiels.

Formenschlange stempeln

Gruppengröße
3–4 Kinder

Das brauchen Sie dafür
pro Kind einen Pinsel und ein Blatt Papier; Korken; Moosgummi; Heißkleber; eine Schere; Fingerfarben; Formschablonen für Dreiecke, Quadrate, Rechtecke, Kreise usw.; für die Variation einen Formenwürfel

Das sollten Sie beachten
Planen Sie für das Anfertigen der Stempel etwa 15 Minuten ein.

So geht es

Vorbereitend zeichnen Sie auf das Moosgummi mittels der Schablonen
geometrische Formen auf. Schneiden Sie diese aus, und kleben Sie sie
mit Heißkleber auf die Korken.
Die Kinder benutzen die Korkenstempel dann, um lange Formenschlan-
gen auf das Papier zu stempeln.

Variation
Die Kinder würfeln mit einem Formenwürfel und müssen je nach ge-
worfener Form ihre Schlange entsprechend weitergestalten.

Malspiel

Gruppengröße
4–8 Kinder

Das brauchen Sie dafür
pro Kind ein Kissen, einen großen Bogen Malpapier; Wachsmalstifte

So geht es

Jedes Kind sucht sich ein Kissen als Sitzplatz und erhält einen großen
Bogen Malpapier. Die Wachsmalstifte stehen für alle gut erreichbar
bereit. Lesen Sie den ersten Teil des unten stehenden Textes vor. Die
Kinder malen dazu mit einem Wachsmalstift einen großen Kreis auf
ihren Bogen Papier. Danach sucht sich jedes Kind eine andere Farbe
aus und zieht den Kreis damit nach. Diese Phase wird mehrmals wiederholt, sodass zum Schluss auf jedem Malpapier ein großer, bunter
Kreis entstanden ist. Erst dann lesen Sie den zweiten Teil des Textes
vor, und die Kinder können überlegen, was aus ihrem Kreis werden
kann. Dann malen sie ihn entsprechend an.

> Suche eine Farbe aus, und dann geht's los!
> Male damit einen Kreis, rund und groß.
> So geht es immer weiter, rund und rund,
> und nimmst du viele Farben, wird er bunt!
>
> Bist du fertig, schau dir an,
> was aus dem Kreis dann werden kann:
> ein Ball, ein Baum oder ein Tier?
> Male weiter, dann zeig es mir!

Kreisel

Gruppengröße
3–4 Kinder

Das brauchen Sie dafür
pro Kind einen Bleistift und eine Schere; feste weiße Pappe oder Tonkarton; buntes Papier oder Folie; Klebstoff; eine Lochzange; Holzstäbe; eine Säge; einen Anspitzer; Formschablonen von etwa 10 cm Länge für Quadrate, Kreise und Dreiecke

So geht es

Zersägen Sie die Holzstäbe in etwa 12 Zentimeter lange Stücke, und spitzen Sie jeweils ein Ende an. Die Kinder zeichnen auf die Pappe oder den Tonkarton mit Hilfe der Schablonen Quadrate, Kreise und Dreiecke und schneiden sie aus. Dann bekleben die Kinder sie auf einer Seite bunt mit Papier oder Folie. Knipsen Sie mit der Lochzange auf der größten Stufe genau in die Mitte jeder Pappe ein Loch hinein, und bohren Sie den Holzstab vorsichtig hindurch, sodass die Spitze unterhalb der Pappe gut zwei Zentimeter herausschaut. Unter Umständen muss der Stab zum Kreiseln noch etwas nachgeschoben werden. Wenn die Kreisel fertig sind, können die Kinder sie in Bewegung setzen und z. B. nach folgenden Kriterien beobachten:

O Welche Form lässt sich besser kreiseln?
O Welche Form dreht sich schneller?
O Auf welcher Form ergeben die Farben schönere Muster?

Formenpuzzle

Gruppengröße

ein Kind

Das brauchen Sie dafür

weiches Holz von der Größe 15 cm × 15 cm; eine Laubsäge; Schmirgelpapier; einen Bleistift; ein Lineal oder eine Formenschablone; Schraubzwingen; eine Werkbank oder einen Tisch

Das sollten Sie beachten

Für die Anfertigung des Formenpuzzles sollten Sie etwa 45 Minuten
einplanen.

So geht es

Lassen Sie das Kind auf das Stück Holz mit Hilfe des Lineals oder der
Formenschablone Rechtecke und Dreiecke großzügig aufzeichnen.
Spannen Sie das Holz dann in der Werkbank ein, oder befestigen Sie
es mit Schraubzwingen am Tisch. Dabei muss darauf geachtet werden,
dass der Bereich, an dem gearbeitet wird, über die Tischkante hinaus-
ragt. Zeigen Sie dem Kind, wie es mit der Laubsäge an den Bleistift-
linien vorsichtig entlangsägen kann. Anschließend darf das Kind die
ausgesägten Teile mit dem Schmirgelpapier glätten. Die so entstandenen Puzzleteile können dann wieder in das ursprüngliche Quadrat
zusammengelegt werden.

Tipp

Kennzeichnen Sie die Rückseite jedes Teils mit einem Punkt oder Kreuz,
damit das Kind die Vorder- und die Rückseite des Puzzles gut unterscheiden kann. Das Puzzle ist sonst zu schwierig, zusammenzusetzen.

Formenkunst

Gruppengröße
bis 8 Kinder

Das brauchen Sie dafür
pro Kind einen Bogen Papier in Größe DIN A3, eine Schere und Klebstoff; quadratische, rechteckige, kreisförmige und ovale Faltblätter; verschiedene Bastelmaterialien, wie z. B. Wolle, Filz, Papierreste usw.

So geht es

Zunächst werden die verschiedenen Formen des Faltpapiers nacheinander betrachtet und benannt. Dabei ist es wichtig, auf die Besonderheiten jeder Form hinzuweisen und auch zu fragen, wo sie in unserer Umgebung vorkommen.

Dann bekommt jedes Kind einen Bogen Papier und darf sich mehrere Faltblätter nehmen. Aus den verschiedenen Formen soll jeder erst ein Kunstwerk auf sein Papier legen und es danach aufkleben. Später verzieren die Kinder mit den anderen Materialien nach Belieben ihre Kunstwerke, die anschließend natürlich vorgestellt und gemeinsam betrachtet werden.

Fühl die Form!

Gruppengröße
bis 8 Kinder

Das brauchen Sie dafür
einen Stoffbeutel; ein Tablett; verschiedene runde, quadratische, dreieckige, rechteckige und ovale Gegenstände

So geht es

Die Kinder bilden einen Sitzkreis. Dann bekommen sie die Aufgabe, im Gruppenraum mindestens je einen Gegenstand zu finden, der rund, quadratisch, rechteckig, dreieckig oder oval ist und problemlos in den Stoffbeutel passt. Die gesammelten Gegenstände werden auf das Tablett gelegt, das in der Kreismitte steht. Die Kinder setzen sich zurück in den Kreis und sollen die einzelnen Gegenstände benennen und deren Form beschreiben. Danach schließt ein Kind die Augen. Ein Gegenstand wird in den Stoffbeutel gesteckt, und das Kind soll nun nur durch Tasten die Form bestimmen und gegebenenfalls erraten, was sich im Beutel befindet. So wird reihum gespielt, bis jeder etwas ertasten durfte.

Formen-Mix-Max

Gruppengröße
bis 4 Kinder

Das brauchen Sie dafür
Tonpapier in verschiedenen Farben; ein Laminiergerät; Laminierfolie; einen Stift; eine Schere; ein Schälchen; mehrere Schuhkartondeckel; für die Variation einen oder mehrere Würfel

Das sollten Sie beachten
Für die Anfertigung der Legeplättchen sollten Sie etwa 30 Minuten einplanen.

So geht es

Fertigen Sie aus verschiedenen Farben des Tonpapiers zahlreiche Legeplättchen in verschiedenen Formen an, und laminieren Sie diese. Die einzelnen Formen sollten eine Kantenlänge von etwa sechs Zentimetern haben. Die Legeplättchen werden in ein Schälchen gelegt, das Sie den Kindern mit einigen Schuhkartondeckeln zur Verfügung stellen. Die Kinder können dann mit den Legeplättchen Muster, Bilder oder Figuren in die Deckel legen.

Variation
Geben Sie den Kindern einen Zahlen-, Farb- oder Formenwürfel. Je nachdem, mit welchem Würfel die Kinder spielen, gibt dieser entweder an, wie viele Legeplättchen die Kinder nehmen und legen dürfen oder welche Eigenschaften die Legeplättchen haben sollen, die sie als Nächstes legen dürfen.

Formen-Memo

Gruppengröße
bis 5 Kinder

Das brauchen Sie dafür
pro Kind einen Stift, eine Schere und Klebstoff; 20–40 Streichholzschachteln; Tonkarton in verschiedenen Farben; Formschablonen; einen
Tisch

Das sollten Sie beachten
Für die Anfertigung der Spielutensilien sollten Sie etwa 20 Minuten
einplanen.

So geht es

Zunächst bekleben Sie und die Kinder alle Streichholzschachteln rund-
herum mit der gleichen Farbe Tonpapier. Dann schneiden Sie gemeinsam mit den Kindern verschiedene geometrische Formen, wie Kreise,
Rechtecke, Quadrate und Dreiecke, aus dem Tonpapier aus. Sie können
zum Aufzeichnen der Formen die Schablonen zu Hilfe nehmen. Anschließend wird immer in zwei Schachteln die gleiche geometrische
Form in derselben Farbe geklebt.

Zum Beginn des Spiels werden alle Streichholzschachteln auf einen
Tisch gelegt und gemischt. Dann öffnen die Kinder nacheinander
immer zwei Schachteln und versuchen, gleiche Paare zu finden, bei
denen Farbe und Form übereinstimmen. Passen die beiden Schachteln
nicht zueinander, werden sie wieder verschlossen, und der nächste
Spieler ist an der Reihe. So wird reihum gespielt, bis alle Paare gefunden wurden.

Formen, Muster und Reihenfolgen

Formenrallye

Gruppengröße
ab 20 Kindern

Das brauchen Sie dafür
pro Mannschaft eine Laufkarte, einen Stift, ein Blatt Papier, eine Zeitung und einen Erwachsenen oder ein Hortkind, das bereits lesen kann

So geht es

Die Kinder werden in mindestens drei Mannschaften mit je sechs bis acht Mitgliedern eingeteilt. Jede Mannschaft erhält einen Aufgabenzettel als Laufkarte, einen Stift, ein Blatt Papier und eine Zeitung und wird von einem Erwachsenen oder einem Hortkind begleitet, das den Kindern die Aufgaben vorlesen kann. Mögliche Aufgaben für den Laufzettel sind:

- Sucht den größten/kleinsten runden Gegenstand in der Kita!
- Wie viele dreieckige Bauklötze gibt es? Schreibt die Zahl auf!
- Findet ihr etwas, das mehr als vier Ecken hat?
- Legt aus beliebigen Materialien ein großes Quadrat!
- Findet drei quadratische Gegenstände!
- Einigt euch auf eine geometrische Form, die ihr später alle gemeinsam vor den anderen darstellt!
- Tragt den anderen ein Lied oder Gedicht vor, in dem eine geometrische Form vorkommt!
- Gestaltet aus der Zeitung ein Kunstwerk, in dem verschiedene Formen zu sehen sind!

Am Ende stellen sich alle Gruppen gegenseitig die Ergebnisse vor.

Formendetektive

Gruppengröße
3–4 Kinder

Das brauchen Sie dafür
eine Digitalkamera; einen Computer; einen Drucker; Papier; Fotokarton;
Scheren; Klebstoff; Bilder von verschiedenen Formen

So geht es

Schauen Sie sich mit den Kindern die unterschiedlichen Formen auf
den Bildern an, und lassen Sie sie ihre jeweiligen Eigenschaften beschreiben. Gehen Sie dann gemeinsam auf Entdeckungsreise in die
nähere Umgebung der Einrichtung. Die Kinder suchen nun nach
Formen, die sich z. B. in Verkehrsschildern, an Hausfassaden, in Schau-
fenstern, in der Straßenpflasterung oder auf Fahrzeugen finden lassen.
Fotografieren Sie die Formen mit der Digitalkamera. Später in der Kita
schauen Sie sich die Bilder gemeinsam mit den Kindern am Computer
an. Anschließend treffen die Kinder eine Auswahl, welche Bilder ausgedruckt werden sollen. Diese werden danach ausgeschnitten und auf
den Tonkarton geklebt. Das so entstandene Poster wird der Gesamt-
gruppe vorgestellt und dann gut sichtbar aufgehängt.

Formenrohkost

Gruppengröße
beliebig

Das brauchen Sie dafür
Obstmesser; Schneidebretter; Sparschäler; quadratische und dreieckige
Ausstechformen; rote, grüne und gelbe Paprika; Tomaten; Gurken;
Kohlrabi; Radieschen; dicke Möhren

Das sollten Sie beachten
Geben Sie besonders Acht, wenn die Kinder mit Messern hantieren.
Sie kennen die Kinder Ihrer Gruppe am besten. Achten Sie außerdem
auf mögliche Allergien oder Unverträglichkeiten der Kinder!

So geht es

Das Gemüse wird gewaschen. Kohlrabi und Möhren werden geschält
und alles in Scheiben geschnitten. Die Paprika werden geviertelt.
Tomaten, Gurken und Radieschen werden in Scheiben geschnitten und
bilden so die Kreisformen auf dem Rohkostteller. Aus Paprikavierteln
und Kohlrabischeiben werden mit den Ausstechformen Dreiecke und
Quadrate ausgestochen. Die Möhren lassen sich gut in Rechtecke oder
Würfel schneiden.

Tipp
Kräuterquark schmeckt besonders gut zur Formenrohkost. Die Reste
des Gemüses können außerdem für Salat oder Gemüsesuppe verwendet werden.

Formenrätsel

Gruppengröße
beliebig

Das brauchen Sie dafür
keine Materialien erforderlich

So geht es

Folgende Rätsel können Sie den Kindern zwischendurch stellen:

Ich glaube, dass es jeder weiß,
Geldstück, Teller und Rad sind rund wie ein …
(Antwort: Kreis)

Kein Anfang und kein Ende sind zu sehen.
Dinge mit dieser Form können sich drehen. Welche Form ist das?
(Antwort: ein Kreis)

Wenn ein Viereck gleich lange Seiten hat,
nennt man das bei uns …
(Antwort: Quadrat)

Nun, ihr Kinder, sagt mir geschwind,
wie viele Ecken an Tisch und Tür wohl sind?
(Antwort: 4)

Bei dieser Form muss man vorsichtig sein,
denn die drei Spitzen pieksen gemein. Welche Form ist das?
(Antwort: ein Dreieck)

Klatschbilder

Gruppengröße
4 Kinder

Das brauchen Sie dafür
pro Kind einen Malkittel; weißes Malpapier; flüssige Fingerfarben;
eine Maldecke; einen Spiegel

So geht es

Legen Sie das Papier und die Farben auf einen Tisch, den Sie zuvor mit
einer Maldecke abgedeckt haben. Jedes Kind zieht einen Malkittel an
und darf sich ein Blatt nehmen, das es in der Mitte faltet. Nun werden
auf eine Blatthälfte ein paar Farbtropfen gegeben. Danach wird das
Blatt am Knick gefaltet und glatt gestrichen. Dadurch verläuft die
Farbe auf dem Papier, was man je nach Papiersorte sogar bei diesem
Vorgang beobachten kann.
Wird das Blatt wieder aufgefaltet, können die Kinder erkennen, dass
durch die Faltstelle beide Seiten symmetrisch sind. Die Faltstelle ist die
Symmetrieachse.

Tipp

Wer überprüfen möchte, ob die beiden Seiten wirklich symmetrisch
sind, stellt einen Spiegel auf die Faltstelle des Papiers und kann das
Spiegelbild mit der anderen Hälfte des Blattes vergleichen.

Rohkostspieße

Gruppengröße
4–5 Kinder

Das brauchen Sie dafür
Obstmesser; Schneidebretter; Sparschäler; Gemüse, wie z. B. Möhren, verschiedene Paprika, Gurken, Minitomaten, Kohlrabi; kleine Teller; Schaschlikspieße

Das sollten Sie beachten
Geben Sie besonders Acht, wenn die Kinder mit Messern und Spießen hantieren. Sie kennen die Kinder Ihrer Gruppe am besten. Achten Sie außerdem auf mögliche Allergien oder Unverträglichkeiten der Kinder!

So geht es

Die Kinder waschen die Gemüsesorten, schälen sie und schneiden sie in mundgerechte Stücke. Jede Gemüsesorte wird auf einen Teller gelegt. Die Kinder bereiten nun die Spieße zu, indem sie einzelne Zutaten nach einem wiederkehrenden Muster aufspießen, z. B. Gurke – rote Paprika – Möhre – Gurke – rote Paprika – Möhre … So kann sich jeder seinen Lieblingsmusterspieß herstellen.

Variation
Natürlich kann dieser Spieß auch als Obstspieß oder als kleiner Snack zusätzlich mit Käsewürfeln, Miniwürstchen und anderen Leckereien hergestellt werden.

Detektivspiel

Gruppengröße
ab 10 Kindern

Das brauchen Sie dafür
keine Materialien erforderlich

So geht es

Die Kinder stellen sich im Halbkreis auf. Suchen Sie vier bis fünf Kinder aus, die Sie nach einer bestimmten Regelmäßigkeit in einer Reihe nebeneinanderstellen, z. B. lange Haare – kurze Haare – lange Haare – kurze Haare. Die anderen Kinder versuchen, zu erraten, nach welcher Regelmäßigkeit die Reihe von Ihnen gebildet wurde. Hat ein Kind die richtige Idee, benennt es die Regelmäßigkeit und darf die Reihe durch das Hinstellen weiterer Kinder fortführen. Folgende Regelmäßigkeiten wären beispielsweise auch möglich:

- helle Haare – dunkle Haare – helle Haare – dunkle Haare
- kleiner – größer – kleiner – größer
- lange Hose – kurze Hose – lange Hose – kurze Hose
- Brille – keine Brille – Brille – keine Brille
- Hausschuhe – Socken – Hausschuhe – Socken
- Hose – Rock – Hose – Rock

Bild und Geräusch

Gruppengröße
ab 4 Kindern

Das brauchen Sie dafür
pro Kind einen Stuhl; viele LEGO®-Steine in drei bis vier verschiedenen
Farben, einen langen Zeigestock

So geht es

Die Kinder bilden einen Stuhlkreis. In der Mitte liegen die LEGO®-
Steine. Die Kinder sortieren sie farblich und setzen sich dann. Ein Kind
wird ausgewählt und legt eine Musterreihe von etwa 20 Steinen in
zwei Farben, die sich ständig abwechseln. Dann setzt es sich wieder
hin und zeigt mit einem langen Zeigestock der Reihe nach auf die
Farben, während die restlichen Kinder sie laut benennen, z. B. rot –
grün – rot – grün – rot – grün …
Ein anderes Kind denkt sich zwei Geräusche aus, die man mit dem
eigenen Körper erzeugen kann, z. B. Klatschen und Aufstampfen, und
ordnet jeder der beiden Farben ein Geräusch zu. Es zeigt mit dem
Zeigestock zunächst auf den ersten Stein und macht das entsprechende Geräusch, dann auf den zweiten und macht das zweite Geräusch.
Danach zeigt es der Reihe nach auf die Steine, und die anderen Kinder
machen dabei jeweils das vorher bestimmte Geräusch. Wer es schafft,
kann auch noch die Farbe dazu ausrufen.
Sind die Kinder in diesem Spiel sicher, wird die Reihe der LEGO®-
Steine zuerst um eine und später vielleicht noch um eine zweite Farbe
erweitert. Natürlich müssen dann auch noch weitere Geräusche gefunden werden.

Klangfolge

Gruppengröße
4–6 Kinder

Das brauchen Sie dafür
Instrumente mit unterschiedlichem Klang, z. B. eine Triangel, einen
Schellenkranz, eine Rassel, Klanghölzer, Zimbeln, einen Klangstab;
einen Korb; eine Handtrommel

So geht es

Legen Sie alle Instrumente bis auf die Handtrommel in den Korb. Die
Kinder sitzen im Kreis um den Korb. Sie suchen sich nacheinander ein
Instrument aus und probieren es aus. Anschließend vergleichen sie den
Klang der einzelnen Instrumente untereinander. Nun wird eine Klangfolge gespielt. Beginnen und beenden Sie die Klangfolge jeweils mit
einem Schlag auf die Handtrommel. Dazwischen spielen die Kinder der
Reihe nach ihr Instrument an. So kann viele Runden mit wechselndem
Tempo gespielt werden. Die Reihenfolge der Instrumente wird bei-
behalten.
Sind die Kinder sicher geworden, können sie sich entscheiden, wie oft
sie ihr Instrument anspielen möchten, wenn sie an der Reihe sind. So
wird eine neue Klangfolge erfunden, die ebenfalls über mehrere Runden beibehalten wird.
Nach einiger Zeit schließen die Kinder die Augen und nehmen die
Klangfolge auf. Die Handtrommel, die Sie spielen, ist hierbei eine
Orientierung. Immer, wenn sie erklingt, beginnt eine neue Runde.

Lange Herbstschlange

Gruppengröße
bis 6 Kinder

Das brauchen Sie dafür
mehrere Körbe oder Schuhkartons; verschiedene herbstliche Waldfrüchte, wie z. B. Eicheln, Kastanien, Bucheckern; Kastanienhülsen;
verschiedene Blattarten; eine Digitalkamera; ausreichend Platz

So geht es

Bei einem Spaziergang sammeln die Kinder die verschiedensten Naturmaterialien, die es im Herbst zu finden gibt. Anschließend sortieren die
Kinder sie in die unterschiedlichen Körbe oder Schuhkartons, indem sie
z. B. alle Eicheln in einen Behälter legen, alle Blätter in einen anderen
und alle Kastanien in einen weiteren. Dann betrachten sie die Materialien eingehend, bevor sie mit ihnen, am besten im Außengelände, eine
lange Schlange legen. Die Kinder stimmen sich dazu ab, ob sie den
Inhalt aus einem Behälter erst ganz auslegen möchten und dann mit
dem Inhalt aus dem nächsten Behälter weitermachen oder ob sie
immer ein Exemplar aus jedem Behälter aneinanderlegen und dann
wieder beim ersten Behälter beginnen. Im Anschluss fotografieren Sie
die Schlange.

Tipp
Wenn Sie nicht so viel Platz haben, lassen Sie die Kinder doch eine
Spirale oder ein großes Mandala legen oder das gesamte Außengelände mit der Naturschlange einrahmen. Im Anschluss können Sie gemeinsam mit den Kindern die Schlange auch ausmessen.

Formen, Muster und Reihenfolgen

Tupfenraupe

Gruppengröße
2–3 Kinder

Das brauchen Sie dafür
pro Kind ein Blatt Papier und einen Filzstift; Fingerfarben; Malkittel

So geht es

Die Kinder tragen Malkittel und malen sich jede Fingerspitze in einer anderen Farbe an. Dann tupfen sie jeder eine bunte Raupe auf ein Blatt Papier Papier, indem sie die Fingerspitzen immer nacheinander darauf drücken. Die Kinder wiederholen den Vorgang so lange, bis die Raupe so lang ist wie das Blatt Papier. Zwischendurch müssen sie mit ihren Fingern natürlich immer wieder die entsprechenden Farben aufnehmen.
Sind die Farbtupfer getrocknet, malt jedes Kind seiner Raupe mit dem Filzstift noch ein Gesicht und Beine.

Variation
Statt einer Raupe können die Kinder mit der gleichen Technik natürlich auch eine Halskette auf ihr Blatt Papier tupfen, indem sie die Tupfen statt in einer langen Reihe in einem Oval anlegen.

Bunte Ketten

Gruppengröße
bis 6 Kinder

Das brauchen Sie dafür
10–12 Bögen Papier in Größe DIN A6; Buntstifte; ein Laminiergerät;
Laminierfolie; eine Kiste mit zahlreichen bunten Holzperlen; mehrere
Stücke Perlenschnur

Das sollten Sie beachten
Planen Sie für die Herstellung der Musterkarten etwa 30 Minuten ein.

So geht es

Fertigen Sie zehn bis zwölf Musterkarten in verschiedenen Schwierig-
keitsgraden an, nach denen die Kinder später Holzperlenketten auffädeln. Malen Sie dazu auf jedes der Papiere den Beginn einer gleichmä-
ßigen Perlenfolge auf, die mit Ihrem Holzperlenvorrat verwirklicht
werden kann, z. B. zwei rote, runde Perlen; eine grüne, ovale Perle; zwei
rote, runde Perlen; eine grüne, ovale Perle. Laminieren Sie anschließend
die fertigen Karten, und legen Sie sie zu den Perlen in die Kiste.
Stellen Sie den Kindern die Perlenkiste und einige Stücke Perlenschnur
zur Verfügung. Die Kinder können sich dann aus der Kiste eine beliebige Karte herausnehmen und eine Kette entsprechend der Vorgabe
anfertigen. Dabei sollen sie das angegebene Muster weiterführen.

Tipp
Das Anfertigen der bunten Ketten kann auch im Freispiel weitergeführt
werden.

Büroklammernschlange

Gruppengröße

2–4 Kinder

Das brauchen Sie dafür

einen Tisch; ein Schälchen mit bunten Büroklammern; einen Zahlenwürfel; für die Variation einen Farbwürfel

So geht es

Stellen Sie das Schälchen mit den Büroklammern auf den Tisch. Geben
Sie den Kindern eine Farbfolge vor, nach der jedes von ihnen eine
möglichst lange Büroklammernkette anfertigt, z. B. rot, gelb, grün, rot,
gelb, grün …

Steigern Sie den Schwierigkeitsgrad des Spiels, indem Sie den Kindern
einen Zahlenwürfel geben. Die Kinder würfeln nacheinander. Die Augenzahl zeigt jeweils an, wie viele Büroklammern ein Spieler nehmen
darf, um daraus eine Kette mit der vorgegebenen Farbfolge zu erstellen. Wer zuerst eine Kette aus 15 Büroklammern hat, ist der Sieger.

Variation

Der Reihe nach würfeln die Kinder mit einem Farb- und einem Zahlenwürfel. Der Farbwürfel zeigt an, Büroklammern welcher Farbe genommen werden dürfen. Der Zahlenwürfel zeigt an, wie viele Büroklammern dieser Farbe. Mit den erwürfelten Büroklammern versucht jedes
Kind, eine Kette mit der vorgegebenen Farbfolge zu erstellen. Hierbei
ist es hilfreich, wenn die Spieler untereinander nicht benötigte Büroklammern tauschen, um ihre Ketten fertigzustellen.

Mosaik

Gruppengröße
4 Kinder

Das brauchen Sie dafür
kleine, quadratische Faltpapierblätter in unterschiedlichen Farben; ein
Laminiergerät; Laminierfolie; ein Körbchen; eine Digitalkamera; eine
Schere

Das sollten Sie beachten
Für die Vorbereitung sollten Sie etwa 30 Minuten einplanen.

So geht es

Laminieren Sie zunächst eine große Anzahl Faltpapierblätter in unterschiedlichen Farben. Legen Sie diese dann in ein Körbchen, und stellen
Sie die Materialien den Kindern zur Verfügung. Aus den bunten Quad-
raten können sie zunächst beliebige Muster legen. Weiterführend
können Sie einige der von den Kindern gelegten Muster fotografieren,
sodass sie diese immer wieder nachlegen können.

Tipp
Sollte diese Spielform nach einiger Zeit langweilig werden, schneiden
Sie einige Quadrate so durch, dass Dreiecke oder auch Rechtecke
entstehen. Somit haben die Kinder Möglichkeiten, mit anderen Formen
zu experimentieren und weitere Muster zu legen.

Tapetenpatchwork

Gruppengröße
2–3 Kinder

Das brauchen Sie dafür
pro Kind eine quadratische Schablone von etwa 10 × 10 cm Größe,
eine Schere, einen Bleistift und Klebstoff; Tapetenbücher; einen weißen
Tonkarton

So geht es

Halbieren Sie den Tonkarton. Die Kinder suchen sich aus den Tapeten-
büchern verschiedene Muster aus und trennen die jeweilige Seite aus
dem Buch. Dann zeichnen sie mit Hilfe der Schablonen Quadrate auf
die Rückseite der herausgetrennten Seiten und schneiden diese anschließend aus. Die Kinder legen die Quadrate auf dem Tonkarton aus
und verschieben sie so lange, bis ihnen das Gesamtkunstwerk gefällt.
Erst dann kleben sie alle Quadrate auf.

Variation
Die Arbeit kann auch als Einzelarbeit durchgeführt werden. Dann
bekommt jedes Kind ein Stück Tonkarton. Wenn Sie in der Einrichtung
eine große, freie Wandfläche haben, können Sie anschließend alle
fertigen Patchworks aufhängen.

Mustermaler

Gruppengröße
beliebig

Das brauchen Sie dafür
weißes DIN-A4-Papier; einen schwarzen Filzstift; mehrere Kreisschablonen mit unterschiedlichen Durchmessern; ein Kopiergerät; verschiedenfarbige Buntstifte

So geht es

Malen Sie mit Hilfe der Kreisschablonen mit dem schwarzen Filzstift mehrere Kreise mit unterschiedlichen Durchmessern auf ein Blatt Papier. Die Kreise sollten sich mehrfach überschneiden, sodass ein interessantes Muster entsteht. Kopieren Sie das Blatt, sodass Sie ein Exemplar für jedes Kind haben. Die Kinder malen die einzelnen Flächen des Musters mit den Buntstiften aus. Nebeneinanderliegende Bereiche dürfen dabei nicht in der gleichen Farbe angemalt werden.

Variation
Ebenso können Sie mit einem Lineal mehrere Linien, die sich kreuzen, auf ein Blatt malen. Auch hier können die Kinder die so entstandenen Flächen farbig ausmalen.

Nachlegen

Gruppengröße
bis 6 Kinder

Das brauchen Sie dafür
200 Holzspatel; einen Filzstift; mehrere Bögen Papier in Größe DIN A4; ein Laminiergerät; Laminierfolie

Das sollten Sie beachten
Planen Sie für die Anfertigung der Mustervorlagen etwa 30 Minuten ein.

So geht es

Fertigen Sie zunächst mehrere Mustervorlagen an, indem Sie auf jeden Bogen Papier mit den Holzspateln eine Form legen, z. B. ein Haus, eine Blume, ein Sechseck usw. Malen Sie dann die Umrisse mit dem Filzstift nach, und laminieren Sie die so entstandenen Mustervorlagen. Die Kinder können dann die Formen mit den Spateln nachlegen. Jüngere Kinder können die Spatel auf die Umrisse legen, während ältere Kinder sich die Vorlage nur anschauen und die Form dann auf einem anderen Papier oder dem Fußboden legen.

Variation
Die Spatel und die Mustervorlagen können auch farbig angemalt werden, sodass die Kinder nicht nur die Form, sondern auch die Farbe berücksichtigen müssen.

Formen, Muster und Reihenfolgen

Legen und malen

Gruppengröße
ein Kind

Das brauchen Sie dafür
mehrere Bögen Papier in Größe DIN A4; einen Bleistift; ein Lineal; eine
Schere; quadratische Legeplättchen von 4 × 4 cm Größe; Buntstifte;
ein Laminiergerät; Laminierfolie; ein Kopiergerät

So geht es

Zeichnen Sie auf ein Blatt Papier ein Quadrat von 15 cm × 15 cm
Größe, und teilen Sie dieses in neun Quadrate à 5 cm × 5 cm ein.
Schneiden Sie das große Quadrat aus, und kopieren Sie diese Vorlage
mehrmals. Laminieren Sie drei bis vier kopierte Blätter. Geben Sie dem
Kind eine laminierte Vorlage, eine Kopie und fünf Legeplättchen. Zählen Sie gemeinsam mit dem Kind die Legeplättchen. Dann kann es
damit auf dem laminierten Quadrat ein Muster legen. Dieses überträgt
es dann mit Buntstiften auf die Kopie. Anschließend kann es mit seinen
fünf Legeplättchen ein neues Muster legen, das es ebenfalls wieder
überträgt. Das Mengenprinzip kann sich so gut einprägen, da das Kind
erfährt, dass die Menge gleich bleibt, obwohl die Anordnung anders
ist.

Variation
Zu einem anderen Zeitpunkt können Sie dem Kind das gleiche Spiel
auch mit einer anderen Anzahl Legeplättchen anbieten.

Formen, Muster und Reihenfolgen

Gipskunstwerk

Gruppengröße

2–3 Kinder

Das brauchen Sie dafür

pro Kind ein Blatt Papier, Buntstifte, einen Bleistift, einen Einweg-Sup-
penteller, einen Filzstift, einen Pinsel, eine Malunterlage und ein Stück
Paketschnur; Gips; Wasser; ein Gefäß; einen Löffel; einen Zahnstocher;
einen schwarzen Filzstift; Fingerfarben oder Plakatmalfarben

So geht es

Die Kinder malen den Umriss des Einmal-Suppentellers mit einem
Bleistift auf das Papier und teilen diesen Kreis in unterschiedlich große
Felder ein. Sie sollten nicht zu klein sein. Dann malen sie die Felder mit
Buntstiften aus. Dabei sollten zwei nebeneinanderliegende nicht die
gleiche Farbe haben. Rühren Sie in einem Gefäß mit einem Löffel den
Gips an und gießen Sie ihn etwa einen Zentimeter dick in den Teller.
Mit einem Zahnstocher stechen Sie, etwa einen Zentimeter vom Rand
entfernt, ein Loch hinein, durch das Sie, wenn das Kunstwerk fertig ist,
ein Stück Paketschnur ziehen, an dem es später aufgehängt werden
kann. Der Zahnstocher kann während des Trocknens stecken bleiben.
Ist der Gips getrocknet, übertragen die Kinder die Linien, die die Felder
im Papiermuster hatten, mit einem Filzstift auf ihr jeweiliges Gips-
kunstwerk. Anschließend malen sie die Felder in den gleichen Farben
wie in ihrer Vorlage mit Pinsel und Finger- oder Plakatmalfarben an.

Tipp

Rühren Sie nur so viel Gips an, wie Sie immer für einen Teller benötigen, da sonst alles zu schnell eintrocknet.

Stein auf Stein

Gruppengröße
2 Kinder

Das brauchen Sie dafür
eine Kiste mit bunten Bauklötzen in unterschiedlichen Farben und
Formen; für die Variation eine Digitalkamera, ein Laminiergerät und
Laminierfolie

So geht es

Ein Kind baut aus unterschiedlichen Bauklötzen einen Turm oder ein
beliebiges Bauwerk. Ein anderes Kind versucht dann, dieses Bauwerk
genauso nachzubauen.

Variation
Alternativ können mehrere Kinder unterschiedlich hohe Bauwerke
gestalten, von denen Sie Fotos anfertigen. Diese Fotos laminieren Sie
und hängen Sie in der Bauecke auf, sodass die Kinder sich ein Bauwerk
aussuchen und es dann nachbauen können.

Mandala

Gruppengröße
bis 6 Kinder

Das brauchen Sie dafür
mehrere runde Tischsets; einen Permanentmarker; eine Digitalkamera;
ein Laminiergerät; Laminierfolie; mehrere Schälchen mit unterschiedlichen Materialien, wie Erbsen, Linsen, Bohnen, Knöpfen, Muggelsteinen, Muscheln, kleinen Steinen usw.

So geht es

Malen Sie mit dem Permanentmarker auf jedes Tischset ein anderes
Muster, z. B. eine Schneckenform oder eine Tortenform. Die Kinder
legen anschließend mit den verschiedenen Materialien aus den Schälchen Mandalas in die vorgegebenen Formen auf den Tischsets. Danach
fotografieren und laminieren Sie die fertigen Mandalas. Diese Fotos
sind nun die Vorlage, wenn die Kinder wieder Mandalas legen möchten.

Variation
Auch im Außengelände oder im Wald können sehr schöne Naturman-
dalas aus Steinen, Blättern, Moos, Blüten usw. in Gemeinschaftsarbeit
gefertigt werden.

Mustersuche

Gruppengröße
6–8 Kinder

Das brauchen Sie dafür
keine Materialien erforderlich

So geht es

Die Kinder überlegen gemeinsam mit Ihnen, was Muster sind und wo man sie überall finden kann, z. B. in der Kleidung, in den Gardinen, im Teppich, auf Büchern usw.

Nun wird ähnlich wie das bekannte „Ich sehe was, was du nicht siehst" gespielt. Ein Kind sucht sich heimlich ein bestimmtes Muster im Raum aus, etwa das Muster des Pullovers eines anderen Kindes, und beschreibt es z. B. so:

„Ich sehe ein Muster, das hat Streifen. Die Streifen haben die Farben gelb, weiß und hellblau und sind manchmal dick und manchmal dünn."

Die anderen Kinder raten, welches Muster gemeint ist. Wer die Lösung zuerst findet, ist als Nächstes an der Reihe, sich ein Muster auszusuchen und zu beschreiben.

Spiegelmalerei

Gruppengröße
1–2 Kinder

Das brauchen Sie dafür
pro Kind ein Malpapier und Stifte; einen rechteckigen Spiegel von etwa
16 cm × 22 cm Größe

So geht es

Falten Sie die Malblätter mittig, und malen Sie von der Faltstelle aus-
gehend, die eine Hälfte eines Bildes, z. B. einen halben Schmetterling,
ein halbes Herz oder eine halbe Blume. Die Kinder sollen das Bild dann
ergänzen. Dafür stellen sie einen Spiegel auf die Faltstelle und erken
nen dadurch das Gesamtbild. Dann nehmen sie den Spiegel weg und
versuchen mit den Stiften, die andere Hälfte des Bildes zu malen. Zum
Schluss erhalten sie so einen vollständigen Schmetterling.

Tipp
Für ältere Kinder können die Flächen des Bildes, z. B. die Flügel des
Schmetterlings, mit farbigen Mustern bemalt werden, die sich dann
auch auf der anderen Seite spiegeln müssen.

Formen, Muster und Reihenfolgen

Zählen, wiegen und messen

Zahlen sind auch in der Welt von Kita-Kindern selbstverständlich.
Dabei gehört zum Erfassen des symbolischen Werts von Zahlen mehr,
als bloßes auswendig gelerntes Zählen. Zahlen müssen eine Verbin-
dung zu Mengen haben, sonst bleiben sie leere Symbole. Diese Verbin-
dung können Kinder nur über direktes Handeln mit Objekten erfahren.
Genauso gehören auch Maßzahlen für Größen zum Kita-Alltag. Das
Abmessen von Flüssigkeiten, das Bestimmen von Gewichten, das
Messen von Zeit oder das Ablesen von Temperaturen sind für Kinder
spannende Vorgänge, bei denen sie gerne forschend aktiv werden.
Dabei entwickeln sie nach und nach ein Verständnis dafür, was sich
hinter verschiedenen Maßeinheiten verbirgt. Durch Schätzen und
Vergleichen können sie eigene Thesen widerlegen oder bestätigen.

Zahlenstempel

Gruppengröße
2–3 Kinder

Das brauchen Sie dafür
kleine Holzklötze mit einer Seitenlänge von etwa 5 cm; Moosgummi;
einen Stift; eine Schere; Heißkleber; Zahlenschablonen; Stempelkissen
oder Fingerfarben und Pinsel; ein großes Blatt Papier

Das sollten Sie beachten
Für das Herstellen der Zahlenstempel sollten Sie vorab etwa 30 Minuten einplanen.

So geht es

Malen Sie die Zahlen von 1 bis 10 mit den Schablonen auf das Moosgummi, und schneiden Sie sie aus. Kleben Sie die Zahlen dann jeweils
seitenverkehrt mit Heißkleber auf einen Holzklotz. Wenn der Kleber
getrocknet ist, können die Kinder mit den Stempeln Zahlen auf das
Papier drucken.

Tipp
Ergänzend können Sie auf diese Weise auch noch Holzklötze mit der
den Zahlen entsprechenden Anzahl von Punkten bekleben. So können
die Kinder sowohl das Zahlenbild als auch die entsprechende Menge
an Punkten drucken.

Zahlenfühlen

Gruppengröße
3–4 Kinder

Das brauchen Sie dafür
pro Kind eine Schere und Klebstoff; 10 feste Pappen in Größe DIN A5;
einen Stift; verschiedene Bastelmaterialien, wie z. B. Filz, Schmirgelpapier, Wellpappe usw.; für die Variation Gegenstände, wie Steine,
Murmeln, Muggelsteine usw., und Seile

So geht es

Malen Sie zunächst auf jede Pappe eine Zahl von 1 bis 10. Die Kinder
bekleben dann jede Zahl mit einem beliebigen Material, sodass sie
etwas erhaben und gut zu ertasten ist. Anschließend schließt immer
ein Kind die Augen. Die anderen Kinder legen eine der Pappen vor das
Kind. Es soll nur durch Fühlen die jeweilige Zahl erraten und benennen.

Variation
Nachdem ein Kind eine Zahl ertastet hat, sammelt es entsprechend
viele Steine, Murmeln oder andere Gegenstände. Die Karte wird dann
zu der entsprechenden Menge gelegt. Sie können den Kindern auch
Seile zur Verfügung stellen, sodass sie die ertastete Zahl damit nachlegen können.

Zahlendetektive

Gruppengröße
3–4 Kinder

Das brauchen Sie dafür
pro Kind eine Schere und Klebstoff; eine Digitalkamera; einen Computer; einen Drucker; Papier; Tonkarton

So geht es

Die Kinder gehen in der Einrichtung auf die Suche nach Zahlen. Alle Gegenstände, auf denen Zahlen abgebildet sind, wie z. B. Telefon, Kalender, Uhr, Hausnummer usw., werden von den Kindern fotografiert. Am Computer werden die Fotos gemeinsam gesichtet und dann ausgedruckt. Die Kinder schneiden die Fotos aus und kleben sie auf Tonkarton zu einer Collage auf.
Im Sitzkreis können sie der restlichen Gruppe erklären, welche Gegenstände sie an welchem Ort entdeckt haben, und zeigen, welche Zahlen sie schon kennen.

Variation
Die Kinder können die anderen auch raten lassen, wo sie die Gegenstände mit den Zahlen entdeckt haben.

Zahlenversteck

Gruppengröße
4–5 Kinder

Das brauchen Sie dafür
ein Waldgebiet; Gegenstände, die Sie im Wald finden können, wie
Waldfrüchte, Blätter, Stöcke, Steine oder Moos

So geht es

Im Wald wird eine etwas abgelegene Ecke als Zahlenfeld bestimmt. Ein
Kind überlegt sich eine Zahl und legt diese im angegebenen Gebiet
z. B. aus Blättern, Stöcken, Moos oder Eicheln ziemlich groß nach. In
dieser Zeit spielen die restlichen Kinder abseits des Zahlenfeldes und
dürfen nicht zusehen. Ist das Kind mit dem Zahlenlegen fertig, ruft es
die anderen Kinder zum Zahlenfeld. Sie müssen die ausgelegte Zahl
nun finden. Derjenige, der die Zahl zuerst entdeckt, darf eine neue Zahl
legen.

Tipp
Wenn die Kinder Zahlen noch nicht so gut frei auslegen können, fertigen Sie vorher große Pappschablonen an und nehmen diese mit in den
Wald. Die Kinder suchen sich dann jeweils eine Zahl aus und bedecken
diese so, dass die Schablone nicht mehr zu sehen ist.

Zahlensuche

Gruppengröße
beliebig

Das brauchen Sie dafür
pro Kind einen Stuhl; einen großen Tisch oder ein Regal; verschiedene
Gegenstände mit Zahlen

So geht es

Die Kinder sitzen im Stuhlkreis. Gemeinsam wird überlegt, wo man
überall Zahlen finden kann. Nach diesem Gespräch sollen die Kinder
Dinge in ihrem Umfeld finden, auf denen Zahlen zu sehen sind. Diese
Sachen werden nach etwa zehn Minuten im Stuhlkreis zusammenge-
tragen und vorgestellt. Anschließend werden die Gegenstände auf
einem Regal oder Tisch zu einer Zahlenausstellung drapiert. Die Ausstellung kann natürlich über einen längeren Zeitraum beliebig erweitert werden, indem beispielsweise die Eltern der Kinder in die Zahlen-
suche einbezogen werden.

Tipp
Als weiterführende Aktion können die Kinder aus Katalogen, Zeitun-
gen, Heften usw. Gegenstände mit Zahlen und Ziffern ausschneiden
und auf einem großen Bogen Fotokarton als Collage zusammentragen.

Zahlentreppe

Gruppengröße
2 Kinder

Das brauchen Sie dafür
ein Papier in Größe DIN A4; einen großen Knopf oder Muggelstein; einen Filzstift; ein Laminiergerät; Laminierfolie; eine Kiste mit Knöpfen oder Muggelsteinen; Buntstifte

Das sollten Sie beachten
Fertigen Sie die Zahlentreppe vorab an. Dafür sollten Sie etwa 30 Minuten einplanen.

So geht es

Legen Sie das Blatt quer vor sich, und zeichnen Sie eine Zahlentreppe. Dazu zeichnen Sie links, etwa zwei Zentimeter vom unteren Rand entfernt, mit Hilfe des Knopfes oder Muggelsteins einen Kreis auf das Blatt. Daneben zeichnen Sie zwei Kreise übereinander, daneben dann drei usw., bis sie an der rechten Seite zehn Kreise übereinander gezeichnet haben und so eine Treppe entstanden ist. Unter jede Reihe schreiben Sie dann noch die dazugehörige Zahl. Anschließend laminieren Sie das Blatt. Nun können die Kinder die Zahlentreppe mit Knöpfen oder Muggelsteinen nachlegen. Sie erkennen mit Hilfe der Zahlentreppe, welche Zahl größer und welche kleiner als eine andere ist.

Tipp
Wenn Sie die Zahlentreppe vor dem Laminieren mit Buntstiften einfarbig oder bunt anmalen, können die Kinder sie später entsprechend der Vorgabe mit den bunten Knöpfen füllen.

Knopfzahlen

Gruppengröße
bis 10 Kinder

Das brauchen Sie dafür
eine Kiste mit zahlreichen verschiedenen Knöpfen oder Muggelsteinen;
10 Bögen Papier in Größe DIN A4; einen Permanentmarker; ein Laminiergerät; Laminierfolie

So geht es

Beschriften Sie zunächst die Blätter mit den Zahlen von 1 bis 10.
Malen Sie dann auf jedes Blatt passend zur Zahl entsprechend viele
Punkte. So können jüngere Kinder, die die Zahl noch nicht lesen können, diese durch Abzählen feststellen. Laminieren Sie die Zahlenblätter
anschließend einzeln, und legen Sie sie in die Knopfkiste. Die Kinder
können nun ein beliebiges Zahlenblatt aus der Kiste nehmen und die
Zahl mit den Knöpfen oder Muggelsteinen nachlegen.

Tipp
Auch andere Materialien, wie z. B. Biegeplüsch, dicke Wollfäden,
Schnürsenkel usw., können alternativ für dieses Spiel verwendet
werden.

Bewegtes Zählen

Gruppengröße
3–6 Kinder

Das brauchen Sie dafür
keine Materialien erforderlich

So geht es

Die Kinder stellen sich mit etwas Abstand nebeneinander auf. Dann wird einmal durchgezählt. Das erste Kind ist die Nr. 1, das zweite die Nr. 2 usw. Nun überlegt sich das erste Kind eine Bewegung, sagt laut „eins" und führt diese Bewegung einmal aus. Das zweite Kind ruft „zwei" und führt die gleiche Bewegung 2-mal aus. So geht es weiter, bis das letzte Kind die Bewegung seiner Platzzahl entsprechend oft absolviert hat. Nun rückt das letzte Kind an die erste Stelle vor und denkt sich eine neue Bewegung aus, die es einmal ausführt. Das Kind an der zweiten Position macht diese neue Bewegung 2-mal usw. Wieder rückt das letzte Kind an die erste Stelle, und das Spiel beginnt von Neuem. Es wird gespielt, bis die Ausgangsposition wiederhergestellt ist.
Die Erzieherin darf die Kinder natürlich beim Erfinden der Bewegungen unterstützen. Folgende Bewegungen sind z. B. möglich:

- springen
- mit dem Finger an die Nase tippen
- nicken
- klatschen
- die Knie beugen
- mit einem Fuß auftippen
- sich um sich selbst drehen

Würfeln und bewegen

Gruppengröße
4–6 Kinder

Das brauchen Sie dafür
einen großen Zahlenwürfel

So geht es

Die Kinder stellen sich mit etwas Abstand im Kreis auf. Geben Sie eine
Bewegung vor, z. B. in die Luft springen. Ein Kind beginnt und würfelt.
Es führt die angesagte Bewegung der Augenzahl des Würfels entspre-
chend aus und zählt dabei laut mit. Danach würfelt das nächste Kind
und führt die gleiche Bewegung entsprechend der Augenzahl des
Würfels aus. Wenn alle Kinder an der Reihe waren, wird ein neues
Bewegungsmuster vorgegeben, und das Würfelspiel beginnt von vorn.

Folgende Bewegungen sind z. B. möglich:

- die Arme heben
- auf einem Bein hüpfen
- von einer Wand zur anderen laufen
- in die Hände klatschen
- sich auf den Kopf tippen
- mit einer Hand einen Kreis in die Luft malen

Tipp
Die Kinder sollten die Bewegungen immer durch lautes Zählen
begleiten.

Hüpfrakete

Gruppengröße
2–10 Kinder

Das brauchen Sie dafür
einen Außenbereich mit einer asphaltierten oder gepflasterten Fläche;
Kreide

So geht es

Malen Sie die Hüpfrakete mit der Kreide auf den Boden. Die Rakete
besteht aus zehn Kästchen, die jeweils so groß sind, dass zwei Kinderfüße darin Platz haben. Die einzelnen Kästchen werden mit den Zahlen
von 1 bis 10 beschriftet. Anschließend hüpfen die Kinder nacheinander,
der folgenden Textvorgabe entsprechend, die Rakete hinauf und herun-
ter:

Kommt alle klein und groß! *Der Raketenstart geht los.*	Die Kinder stellen sich am Fuß der Rakete in einer langen Reihe auf.
1, 2, 3, 4, 5, 6, 7 und 8, eine Pause wird gemacht!	Das erste Kind hüpft, dem Text entsprechend, die Rakete hoch.
Jetzt noch die 9 und die 10, dann heißt es: „Tschüss, auf Wiedersehn!"	Das Kind hüpft aus der Raketen- spitze heraus.
Doch welch ein Glück, es geht ganz schnell zurück.	Es dreht sich um und hüpft zurück.
10, 9, 8, 7, 6, 5, 4, 3, 2, 1 und aus! Jetzt mit Riesensprung hinaus!	Das Kind zählt rückwärts und springt nach der Zahl 1 aus der Rakete hinaus.

Danach ist das nächste Kind an der Reihe.

Würfelzahlengang

Gruppengröße
bis 10 Kinder

Das brauchen Sie dafür
2 lange Seile; einen großen Zahlenwürfel

So geht es

Legen Sie ein Seil als Startlinie auf den Boden und in einiger Entfernung ein zweites Seil als Ziellinie. Die Kinder stellen sich an der Startlinie nebeneinander auf. Das erste Kind in der Reihe bekommt den großen Würfel und ruft:

Großer Würfel, zeig mir an,
wie weit ich gehen kann!

Es würfelt und darf dann je nach Punktzahl entsprechend viele Schritte in Richtung Ziellinie gehen. Danach ist das nächste Kind an der Reihe. Es wird so lange gespielt, bis ein Kind die Ziellinie erreicht hat.

Von Zahl zu Zahl

Gruppengröße
2 Kinder

Das brauchen Sie dafür
dicke Wolle oder Bindfaden; Kärtchen mit den Zahlen 1–10

So geht es

Ein Kind legt die Zahlenkärtchen von 1 bis 10 wahllos auf dem Fußboden oder auch im Außenbereich aus. Ein anderes Kind verbindet die Zahlen der Reihe nach mit dem Faden. Gemeinsam kann anschließend überlegt werden, welches Gebilde entstanden ist. Dann werden die Rollen getauscht.

Tipp
Im Innenbereich können die Kinder jeweils einen Bauklotz auf den Faden auf jedem Zahlenkärtchen legen, damit er nicht so leicht verrutscht. Im Außengelände können sie auch Steine benutzen.

Steinklopfer

Gruppengröße
6–8 Kinder

Das brauchen Sie dafür
pro Kind zwei Steine, die gut in der Hand liegen

So geht es

Bitten Sie die Kinder, die Augen zu schließen. Dann klopfen Sie langsam und gut hörbar ihre beiden Steine aneinander, während die Kinder zuhören und leise mitzählen. Die Kinder sagen Ihnen, wie oft sie das Steinklopfen gehört haben. Stimmt die Zahl, dürfen die Kinder die Augen öffnen, und eines der Kinder darf die Rolle des Steinklopfers übernehmen. Stimmt die Zahl nicht, wiederholen Sie das Steinklopfen.

Variation
Nachdem die Kinder die Zahl des Steinklopfens richtig genannt haben, öffnen sie die Augen und klopfen mit ihren Steinen entsprechend oft.

Tipp
Da sich die Kinder bei diesem Spiel sehr konzentrieren müssen, ist es wichtig, die Spieldauer entsprechend anzupassen.

Zahlenraten

Gruppengröße
3–6 Kinder

Das brauchen Sie dafür
Kärtchen mit den Zahlen 1–10; Kreppklebeband

Das sollten Sie beachten
Die auszuführenden Bewegungen müssen eindeutig sein, damit das ratende Kind sie gut erkennen kann. Außerdem sollten nicht mehr als fünf Kinder in der Reihe vor dem ratenden Kind stehen, da es sonst unübersichtlich wird.

So geht es

Die Kinder stellen sich in einer Reihe nebeneinander auf. Ein Kind tritt hervor und stellt sich so hin, dass es die anderen Kinder ansieht. Befestigen Sie eine Zahlenkarte mit Kreppklebeband auf dem Rücken des Kindes. Es dreht sich einmal kurz um, sodass alle Kinder die Zahl lesen können. Dann dreht es sich wieder zurück. Auf Ihr Startzeichen hin führen die anderen Kinder nun eine zuvor abgestimmte Bewegung, z. B. Klatschen, Knicksen oder Hüpfen, der Zahl entsprechend oft gemeinsam aus. Das Kind mit der Zahl auf dem Rücken muss nun gut hinsehen und mitzählen, sodass es erraten kann, welche Zahl es trägt. Hat es richtig geraten, gibt das Kind seine Zahl ab, tritt in die Reihe zurück, und ein anderes Kind darf raten.

Zählkarten

Gruppengröße
2 Kinder

Das brauchen Sie dafür
30 Pappkarten in Spielkartengröße; Buntstifte; ein Laminiergerät;
Laminierfolie; eine Schere

Das sollten Sie beachten
Für das Anfertigen der Karten sollten Sie etwa 45 Minuten einplanen.

So geht es

Die Kinder malen auf fünf Karten jeweils einen Punkt, auf fünf Karten
jeweils zwei Punkte, auf fünf weitere Karten jeweils drei Punkte usw.,
bis sie für jeden Zahlenwert von 1 bis 6 jeweils fünf Karten angefertigt
haben. Wichtig ist dabei, dass die Punkte auf den Karten immer unterschiedlich angeordnet sind, sodass z. B. drei Punkte einmal nebeneinander, einmal als Dreieck, einmal schräg, einmal übereinander und
einmal durcheinander angeordnet sind. Laminieren Sie anschließend
die Karten, und schneiden Sie sie aus.

Bei Spielen, wo für gewöhnlich ein Würfel geworfen wird, können die
Kinder nun stattdessen eine der Karten aus einem Stapel ziehen. Sie
lernen dadurch, die Anzahl der Punkte als Menge zu erfassen, ohne
dass sie die einzelnen Punkte jedes Mal abzählen müssen.

Steintransport

Gruppengröße
3–4 Kinder

Das brauchen Sie dafür
kleine Schubkarren; viele Steine; Zählkarten (Spiel 81)

So geht es

Die Zählkarten werden verdeckt auf einen Stapel gelegt. Die Kinder
ziehen der Reihe nach eine Karte. Nun lädt jedes Kind so viele Steine in
seine Schubkarre, wie die Punkte es vorgeben, und bringt sie an ein
vereinbartes Ziel. Diese Aktion wiederholen die Kinder noch 2-mal.
Dann wird gezählt, welches Kind in seinen drei Transportfahrten die
meisten Steine zum Ziel gefahren hat.

Tipp

Statt Schubkarren können auch Sandeimer oder kleine Körbe verwendet werden. An Stelle der Steine kann auch das Sandspielzeug trans-
portiert werden.

Zählen, wiegen und messen

Zahlen-Memo

Gruppengröße
2–4 Kinder

Das brauchen Sie dafür
eine Digitalkamera; ein Laminiergerät; Laminierfolie; verschiedene
Alltagsgegenstände; 10 Blatt Papier; einen Stift

Das sollten Sie beachten
Für das Anfertigen der Memo-Karten sollten Sie etwa 30 Minuten
einplanen.

So geht es

Fotografieren Sie verschiedene Alltagsgegenstände in verschiedenen
Mengen von einem Gegenstand bis zu zehn Gegenständen, z. B. einen
Apfel, zwei Tassen, drei Stifte usw. Schreiben Sie jede Zahl von 1 bis 10
auf je ein Blatt Papier, und fotografieren Sie sie. Dann laminieren Sie
die Fotos und die Zahlen. Für das Zahlen-Memo setzt sich jedes Kar-
tenpaar aus einer Bildkarte und dem dazugehörigen Foto mit der
entsprechenden Zahl zusammen. Gespielt wird nach den gängigen
Memo-Regeln.

Tipp
Besonders schön wird das Memo-Spiel, wenn Sie Hausnummern fotografieren, statt die Zahlen selbst zu schreiben.

Variation
Für ältere Kinder können Sie natürlich auch über den Zahlenraum bis
10 hinausgehen und weitere Fotos anfertigen.

Alles doppelt

Gruppengröße
beliebig

Das brauchen Sie dafür
einen großen Bogen Fotokarton; Stifte; Scheren; Papier; eine Digitalkamera

So geht es

Die Kinder sitzen im Kreis. Legen Sie den Fotokarton in die Mitte des
Kreises, und schreiben Sie darauf groß die Zahl „2". Die Kinder dürfen
sie bunt anmalen. Anschließend wird zusammen überlegt, welche
Dinge es immer 2-mal gibt. Die genannten Dinge, z. B. Strümpfe, Schuhe, Hausschuhe usw., können die Kinder auf Papier aufmalen oder
fotografieren, ausschneiden und aufkleben. So entsteht eine Collage
zur Zahl „2", die beliebig erweitert werden kann.

Variation
Auf diese Weise lässt sich auch ein kleines Buch zur Zahl „2" gestalten. Schreiben Sie die Zahl „2" auf das Deckblatt. Auf die folgenden
Seiten können die Kinder verschiedene Dinge paarweise aufmalen oder
fotografieren und aufkleben.

Tipp
Laminieren Sie die Seiten vor dem Zusammenheften, ist das Zahlen-
buch haltbarer.

Zählen, wiegen und messen

... Sortieren und Vergleichen

Silbenkönig

Gruppengröße
6 Kinder

Das brauchen Sie dafür
einen Außenbereich mit einer asphaltierten oder gepflasterten Fläche;
Kreide; Bildkarten

So geht es

Malen Sie mit der Kreide sechs hintereinanderliegende Kästchen auf
den Boden, und schreiben Sie die Zahlen von 1 bis 6 hinein. Die Kinder
stellen sich vor dem ersten Kästchen mit der Zahl 1 in einer Schlange
auf. Das erste Kind darf eine Bildkarte nehmen und sagen, was darauf
abgebildet ist. Dann soll es je nach der Silbenanzahl des dazugehörigen Wortes entsprechend viele Kästchen weit hüpfen und dabei die
einzelnen Silben laut sagen. So darf das Kind z. B. beim Wort „Re-gen-
bo-gen" vier Hüpfkästchen weit hüpfen. Dann darf das nächste Kind in
der Schlange eine Bildkarte nehmen.

Tipp
Nehmen Sie für dieses Spiel z. B. die Bildkarten von einem Memo-Spiel.
Regen Sie die Kinder dazu an, bei Gegenständen, für die es mehrere
Bezeichnungen gibt, diejenige zu wählen, die die meisten Silben hat.

Zahlenfingerspiel

Gruppengröße
beliebig

Das brauchen Sie dafür
keine Materialien erforderlich

Das sollten Sie beachten
Achten Sie darauf, dass eine gerade Zahl an Kindern mitspielt.

So geht es

Die Kinder finden sich in Paaren zusammen und spielen gemeinsam das folgende Zahlenfingerspiel:

Die Nr. 1, der Daumen hier, sagt: „Hallo, wie geht es dir?"	Mit dem Daumen wackeln.
Der Zeigefinger, die Nr. 2, kommt zum Kitzeln schnell vorbei.	Sich gegenseitig mit dem Zeigefinger kitzeln.
Die Nr. 3 steht in der Mitte und verbeugt sich tief nach guter Sitte.	Den Mittelfinger nach innen beugen.
Der Ringfinger ist die Nr. 4. Er schmückt sich gern, das wissen wir.	Mit dem Zeigefinger der anderen Hand einen Ring um den Ringfinger zeichnen.
Die Nr. 5, der kleine Wicht, streichelt langsam dein Gesicht.	Mit dem kleinen Finger über die Wange des anderen streichen.

Zahlenrallye

Gruppengröße
ab 18 Kindern

Das brauchen Sie dafür
pro Gruppe einen Stift, ein Blatt Papier, eine Laufkarte und einen
Erwachsenen oder ein Hortkind, das bereits lesen kann

So geht es

Die Kinder teilen sich in mindestens drei Mannschaften mit jeweils
sechs bis acht Mitgliedern. Jede Mannschaft erhält vor Beginn der
Rallye einen Aufgabenzettel als Laufkarte, einen Stift und ein Blatt
Papier. Jede Mannschaft wird von einem Erwachsenen oder einem
Hortkind begleitet, das den Kindern die Aufgaben vorliest. Am Ende
der Rallye stellen alle Mannschaften ihre Ergebnisse vor. Mögliche
Aufgaben für den Laufzettel sind:

- Welche Hausnummer hat unsere Einrichtung?
- Holt etwas, das immer nur paarweise vorkommt!
- Sucht drei unterschiedliche Blätter!
- Sucht etwas, das aus vier Teilen besteht!
- Findet fünf verschiedene Steine!
- Legt die Zahl sechs aus verschiedenen Naturmaterialien!
- Wer von euch hat den kürzesten und wer den längsten Namen?
  Zählt die Buchstaben, und schreibt die Namen und Zahlen auf!
- Dichtet gemeinsam einen Vers oder ein Lied, in dem mindestens
  drei Zahlen vorkommen!
- Zählt die Türen in der gesamten Einrichtung!
- Wie viele Treppenstufen gibt es in der Einrichtung?

Waage

Gruppengröße
2–3 Kinder

Das brauchen Sie dafür
ein Holzbrett in der Größe 50 cm × 6 cm; ein Lineal oder Maßband; einen Bohrer; einen Bleistift; dickeren Bindfaden; eine Schere; eine Perle; 2 gleich schwere Körbe

Das sollten Sie beachten
Für den Bau der Waage vorab sollten Sie etwa 30 Minuten einplanen.

So geht es

Messen Sie mit den Kindern bei dem Holzbrett genau die Mitte aus, und bohren Sie dort ein Loch. Am rechten und linken Ende des Brettes bohren Sie zusammen im Abstand von etwa drei Zentimetern vom Rand je ein weiteres Loch. Durch das mittlere Loch ziehen die Kinder einen Bindfaden, der unter dem Brett mit der Perle gegen Herausrutschen gesichert wird. Rechts und links binden die Kinder mittels gleich langer Bindfäden die Körbe an.
Nun können die Kinder mit der selbstgebauten Waage spielen. Dabei können sie die Waage entweder am mittleren Band festhalten oder frei beweglich aufhängen.

Tipp
Wiegen Sie die Körbe vorab auf einer Haushaltswaage, um sicherzugehen, dass sie auch wirklich gleich schwer sind. Sollte dies nicht der Fall sein, beschweren Sie den leichteren Korb, indem Sie ein adäquates Gewicht hineinkleben.

Wiegen

Gruppengröße
2 Kinder

Das brauchen Sie dafür
eine Apothekerwaage; verschiedene Materialien; Gewichte

So geht es

Die Kinder wiegen mit der Waage unterschiedliche Dinge, wie Bauklötze, Holzperlen, Murmeln usw., und stellen so fest, was schwerer, leichter oder gleich schwer ist. Wichtig ist, dass Sie den Kindern ausreichend Zeit geben, um mit dem Wiegen und Vergleichen zu experimentieren und eigene Erfahrungen zu sammeln. Danach können Sie den Kindern weitere Aufgaben wie folgende stellen:

○ Findet zwei unterschiedliche Dinge, die gleich schwer sind!

○ Vergleicht das Gewicht von einer Murmel und fünf Holzperlen. Was ist leichter?

○ Nehmt ein Gewicht mit 100 Gramm. Wie viele Perlen müsst ihr auf die Waage legen, damit sie ausbalanciert ist und das gleiche Gewicht erreicht ist?

○ Schätzt das Gewicht von drei LEGO®-Steinen und zwei Bauklötzen! Was, denkt ihr, ist schwerer? Überprüft eure Vermutung, indem ihr die Sachen wiegt!

Markttag

Gruppengröße
2 Kinder

Das brauchen Sie dafür
verschiedene unempfindliche Obst- und Gemüsesorten, wie Zwiebeln,
Kartoffeln, Möhren, Gurken, Zitronen, Mandarinen, Kiwis usw.; zwei
Körbe; eine Apothekerwaage; 3 Bögen Papier in Größe DIN A5; einen
Permanentmarker; ein Laminiergerät; Laminierfolie

So geht es

Fertigen Sie zunächst Bildkarten an, indem Sie auf ein Blatt Papier in
Größe DIN A5 ein „Gleichzeichen", auf das zweite eine Feder und auf
das dritte ein Gewicht malen. Laminieren Sie diese Karten, und erklä-
ren Sie den Kindern, wofür sie stehen:
Die Feder bedeutet, dass etwas leichter ist als etwas anderes.
Das Gewicht bedeutet, dass etwas schwerer ist als etwas anderes. Das
Gleichzeichen bedeutet, dass etwas genauso schwer ist wie etwas
anderes.
Verteilen Sie das Obst und Gemüse auf zwei Körbe, und legen Sie die
Karten verdeckt ab. Ein Kind kauft nun ein. Es legt z. B. zwei Kartoffeln
auf eine Waagschale. Das andere Kind zieht eine Bildkarte. Hat es z. B.
die Feder gezogen, muss es etwas finden, das leichter ist als die beiden
Kartoffeln, und es auf die andere Seite der Waagschale legen. Falls es
sich geirrt hat, kann es versuchen, durch Hinzugeben oder Wegnehmen
von Obst oder Gemüse das gewünschte Ergebnis zu erreichen.

Tipp
Nach diesem Spiel können die Kinder die Materialien im Freispiel
benutzen. Die Lebensmittel können später für die Zubereitung einer
Suppe und eines Obstsalats verwendet werden.

Formen- und Zahlenplätzchen

Gruppengröße
3–4 Kinder

Das brauchen Sie dafür
250 g Mehl; 2 EL Puderzucker; 1 Päckchen Vanillezucker; 1 Prise Salz; 150 g weiche Butter; 50 g saure Sahne mit mindestens 20% Fettanteil; Formen- und Zahlenausstechformen; eine Küchenwaage; Schüsseln; Löffel; Messer; ein Nudelholz; einen Mixer mit Knethaken; Folie; Topflappen; 2 Backbleche; Teller

Das sollten Sie beachten
Das Rezept reicht für zwei Backbleche. Es enthält keine Eier und ist somit auch für Kinder geeignet, die diese nicht vertragen. Achten Sie beim Verzieren jedoch darauf, dass die Plätzchen für diese Kinder auch nicht mit Eigelb bestrichen werden.

So geht es

Die Kinder messen die Zutaten ab und kneten sie mit dem Mixer zu einem glatten Teig. Danach muss er in Folie eingehüllt eine Stunde im Kühlschrank ruhen. Anschließend wird er portionsweise aus dem Kühlschrank genommen und auf einer mit Mehl bestäubten Arbeitsfläche etwa einen halben Zentimeter dick ausgerollt. Nun können die Kinder Formen und Zahlen ausstechen und auf das Backblech legen. Schieben Sie das Backblech auf der mittleren Schiene bei 180 °C für etwa 13 Minuten in den Ofen, und lassen Sie die Plätzchen danach auf Tellern etwas abkühlen.

Tipp
Wer mag, kann die Plätzchen mit etwas Eigelb einpinseln und mit bunten Streuseln verzieren.

Zählen, wiegen und messen

Gewichtsschlange

Gruppengröße
ab 4 Kindern

Das brauchen Sie dafür
eine Personenwaage; viele gleich große Bauklötze; Fotos oder
Namensschilder der Kinder

So geht es

Ein Kind wird auf der Personenwaage gewogen. Für jedes Kilo legen
die Kinder einen Baustein auf dem Fußboden in eine lange, gerade
Schlange. Danach werden weitere Kinder gewogen und ihr Gewicht
ebenfalls durch eine lange Schlange von Bausteinen neben der ersten
Reihe dokumentiert. Um sich besser merken zu können, welche Reihe
zu welchem Kind gehört, werden Fotos oder Namensschilder neben die
jeweiligen Reihen gelegt. So können die Kinder auch optisch feststellen, welches Kind am leichtesten ist oder welche Kinder gleich schwer
sind. Beteiligen auch Sie sich an diesem Spiel, ist es für die Kinder ganz
besonders interessant.

Tipp
Lassen Sie die Kinder mit einem Zollstock nachmessen, ob gleich
schwere Kinder auch gleich groß sind, ob leichte Kinder kleiner als
schwerere Kinder sind usw.

Messgeräte

Gruppengröße
ab 6 Kindern

Das brauchen Sie dafür
pro Kind einen Stuhl; unterschiedliche Messgeräte, wie Uhren, Waagen, Messbecher, Zollstöcke, Lineale, Thermometer; kleine Fotokartonkarten; einen Permanentmarker

So geht es

Bei diesem Spiel werden die Kinder am Vortag aufgefordert, möglichst unterschiedliche Messgeräte von zu Hause mitzubringen. Diese Messgeräte werden in die Mitte eines Stuhlkreises gelegt. Bei jedem Messgerät sollen die Kinder überlegen, wofür man es benötigt und wie es genannt wird.

Dann unterteilen Sie die Messgeräte gemeinsam mit den Kindern in die Rubriken „Zeitmessgeräte", „Gewichtsmessgeräte", „Temperaturmessgeräte" und „Längenmessgeräte". Dafür fertigen Sie jeweils eine Karte an. Die Kinder legen die Messgeräte dann zu den entsprechenden Karten, sodass eine kleine Ausstellung entsteht.

Tipp
Die einzelnen Exponate sollten natürlich auch benutzt werden, sodass die Kinder die unterschiedlichen Messgeräte kennenlernen.

Bäume vermessen

Gruppengröße
ab 4 Kindern

Das brauchen Sie dafür
pro Kinderpaar eine Schere; Wolle; ein Gelände mit Bäumen

Das sollten Sie beachten
Achten Sie darauf, dass eine gerade Zahl an Kindern mitspielt.

So geht es

Jeweils zwei Kinder bilden ein Paar und suchen sich einen möglichst dicken Baum aus. Sie versuchen, ihn erst einmal mit den Armen zu umspannen, und vergleichen ihn mit anderen Bäumen. Dann legen sie einen Wollfaden um den Baumstamm herum und schneiden ihn auf den Umfang des Baumes zu. Dabei ist gegenseitige Hilfe erforderlich. Nun können die Paare anhand der Länge der Wollfäden vergleichen, welches Kinderpaar den Baum mit dem größten Umfang gefunden hat. Außerdem können sie den Faden weiter dazu benutzen, den Umfang anderer Bäume nachzumessen. Dabei kann vorher geschätzt werden, ob der Faden reicht oder ob er vielleicht zu lang ist.

Variation
Die Paare suchen sich einen möglichst dünnen Baum aus und messen den Umfang ab.

Messrallye

Gruppengröße
3–4 Kinder

Das brauchen Sie dafür
pro Kind ein Maßband oder einen Papierstreifen von 1 m Länge, rote
und grüne Klebepunkte; Klebezettel

So geht es

Markieren Sie in der Einrichtung mehrere unterschiedliche Gegenstände, z. B. die Küchentür, das Bücherregal, den Büroschrank, die Fußmatte
im Eingangsbereich usw., jeweils mit einem Klebezettel. Einige dieser
Sachen sollten eine Länge von einem Meter haben. Nun gehen die
Kinder mit ihren Maßbändern los und suchen die Gegenstände, die sie
dann vermessen. Findet ein Kind einen Gegenstand, der einen Meter
lang ist, klebt es einen grünen Punkt auf den Klebezettel. Ist der Gegenstand größer oder kleiner, klebt es einen roten Punkt darauf.
Nachdem alle Positionen vermessen worden sind, gehen Sie mit den
Kindern auf einen „Kontrollgang" und schauen sich die Ergebnisse an.

Variation
Dieses Spiel kann auch im Außengelände oder im Gruppenraum gespielt werden. Für den Gruppenraum bietet es sich an, eine Maßeinheit
von zehn Zentimetern zu verwenden.

Abgemessen

Gruppengröße
10–12 Kinder

Das brauchen Sie dafür
pro Kind einen Stuhl, ein Blatt Papier und einen Stift; verschiedene
Längenmessgeräte, wie einen Zollstock, ein Lineal, ein Maßband usw.

So geht es

Stellen Sie den Kindern verschiedene Messgeräte zur Verfügung. Zu
Beginn werden die Messgeräte im Stuhlkreis betrachtet, und die Kinder überlegen, wofür man sie am besten einsetzen kann. Danach geht
es in die Experimentierphase. Die Kinder erhalten Stift und Papier,
nehmen sich ein Messgerät und messen verschiedene Dinge. Die Mess-
ergebnisse notieren sie auf dem Blatt, indem sie den Gegenstand
aufmalen und die Zahl danebenschreiben.

Variation
Die Kinder erhalten bestimmte Aufgaben wie beispielsweise:

- Findet Dinge, die 5 cm lang sind!
- Findet Dinge, die 10 cm lang sind!
- Wie lang ist der kleinste Bauklotz?
- Wie lang ist der größte Bauklotz?
- Gibt es etwas im Raum, das so lang ist wie euer Messgerät?
- Gibt es etwas im Außengelände, das so lang ist wie euer Mess-
  gerät?

Erbsenzähler

Gruppengröße
12–14 Kinder

Das brauchen Sie dafür
pro Mannschaft eine Schöpfkelle und einen durchsichtigen Messbecher; eine große Schüssel mit Erbsen; ein Seil; einen Permanentmarker

Das sollten Sie beachten
Die Schöpfkellen müssen die gleiche Größe haben.

So geht es

Das Seil wird als Startlinie ausgelegt. Die Kinder bilden zwei möglichst gleich starke Mannschaften, die sich hintereinander an der Startlinie aufstellen. Zwischen den Mannschaften steht eine große Schüssel, die mit Erbsen gefüllt ist. Einige Meter entfernt steht für jede Mannschaft ein Messbecher. Der Erste jeder Mannschaft erhält die Schöpfkelle. Auf Los füllen die ersten Spieler ihre Schöpfkellen mit Erbsen, laufen bis zu ihrem Messbecher und füllen die Erbsen dort hinein. Die Spieler laufen zurück und übergeben die Schöpfkelle an den nächsten ihrer Mannschaft. Welcher Messbecher ist zuerst voll?

Variation
Je nach Alter können auch kleinere Löffel verwendet werden oder Hindernisse aufgebaut werden, die überwunden werden müssen.

Tipp
Im Supermarkt erhalten Sie eventuell Erbsen mit abgelaufenem Verfallsdatum, damit die Kinder nicht mit verwendbaren Lebensmitteln spielen müssen.

Menschliche Waage

Gruppengröße
ab 10 Kindern

Das brauchen Sie dafür
ein Tuch zum Augenverbinden; zwei kleine Plastikschälchen; kleine Körbchen oder Schälchen; eine Waage; verschiedene Gegenstände, wie Bauklötze, Tannenzapfen, kleine Steine, Knöpfe usw.

So geht es

Die Kinder sitzen im Kreis. Die verschiedenen Materialien liegen sortiert in den Schälchen oder Körbchen in der Kreismitte. Bei diesem Spiel ist ein Kind die Waage. Dafür werden ihm die Augen verbunden, und es bekommt in jede Hand ein Plastikschälchen, das eine Waagschale darstellt. Ein anderes Kind füllt in eine Plastikschale einen Gegenstand, wie einen kleinen Stein, und in die andere einen anderen Gegenstand, wie einen Knopf. Nun soll das Kind mit den verbundenen Augen schätzen, was schwerer und was leichter ist. Zur Überprüfung kann die richtige Waage benutzt werden.

Variation
Statt unterschiedlicher Gegenstände werden die gleichen Gegenstände, aber in unterschiedlicher Menge in die Schälchen gelegt, und das Kind mit den verbundenen Augen muss versuchen, zu erfühlen, in welchem Schälchen mehr Gegenstände liegen.

Zählen, wiegen und messen

Temperatur messen

Gruppengröße
beliebig

Das brauchen Sie dafür
pro Kind eine Schere; ein Außenthermometer; einen großen Bogen
Tonpapier; einen Bleistift; ein Lineal; einen roten und einen schwarzen
Permanentmarker; Klebstoff; Papier in Größe DIN A4; ein Kopiergerät

Das sollten Sie beachten
Dies ist eine Aktion, die über mehrere Tage oder sogar Wochen ausge-
führt wird. Für die einmalige Vorbereitung sollten Sie etwa 30 Minuten
einplanen.

So geht es

Zeichnen Sie auf ein DIN-A4-Papier zwei Thermometer längs nebeneinander, und kopieren Sie das Blatt mehrere Male. Die Kinder schneiden
die Thermometer aus. Nun wird jeden Tag zur gleichen Uhrzeit, z. B.
während des Morgenkreises, die Temperatur am Außenthermometer
abgelesen und jeweils mit einem roten Permanentmarker auf ein
Papierthermometer übertragen. Dieses wird dann auf das große Tonpapier geklebt und mit Datum oder Wochentag beschriftet. Damit die
Kinder auch wirklich wahrnehmen können, ob sich die Temperaturen
ändern, sollten die Thermometer auf gleicher Höhe aufgeklebt werden.
Am Ende der Aktion können die Kinder den wärmsten und den kältes-
ten Tag bestimmen, ablesen, wie viele Tage die gleiche Temperatur
hatten, wie groß der höchste Temperaturunterschied an zwei aufeinan-
derfolgenden Tagen war usw.

Zeit messen

Gruppengröße
2–3 Kinder

Das brauchen Sie dafür
eine Stoppuhr; viele gleich große Muggelsteine; kleine Zettel; Buntstifte

So geht es

Erfinden Sie gemeinsam mit den Kindern Fragen, die sie durch das Messen der Zeitdauer beantworten können. Ordnen Sie jeder der Fragen ein Symbol zu. Folgende Fragen sind z. B. möglich:

- Wie lange brauche ich, um Jacke und Schuhe anzuziehen? (Symbol: ein Kreuz)
- Wie lange brauche ich, um einmal den Sandkasten zu umrunden? (Symbol: ein Quadrat)
- Wie viel Zeit brauche ich, um einen Teller in die Küche zu bringen? (Symbol: ein Kreis)

Jedes Kind sucht sich eine Tätigkeit aus und malt auf einen kleinen Zettel das dazugehörige Symbol. Dann führt es die Aktion aus, während Sie die Zeit messen. Anschließend legt es für jede benötigte Sekunde einen Muggelstein in einer Reihe neben den Zettel mit dem Symbol. So können die Kinder hinterher gut ablesen, welche Tätigkeit am längsten oder am kürzesten gedauert hat.

Variation
Die Kinder führen die gleiche Aktivität nacheinander aus und legen ihre Zeitsteine in Reihen untereinander. So sehen sie, wer die wenigste Zeit für etwas benötigt hat.

Volumen messen

Gruppengröße
2–3 Kinder

Das brauchen Sie dafür
einen durchsichtigen Messbecher; verschiedene Steine; dünnen Bindfaden; farbiges Klebeband

So geht es

Was passiert mit der Wassermenge in einem Gefäß, wenn ein Stein hineingelegt wird?
Diese Frage können Kinder sich durch das folgende Experiment selbst beantworten:
Füllen Sie den Messbecher ungefähr halb voll mit Wasser, und markieren Sie die Füllhöhe außen am Gefäß durch einen Klebebandstreifen. Wickeln Sie einen Bindfaden um einen Stein, und verknoten Sie ihn. Die Kinder lassen den Stein langsam in das Wasser sinken und können dabei beobachten, wie der Wasserpegel steigt. Der Stein wird am Bindfaden wieder aus dem Gefäß geholt. Dann wird ein anderer ins Wasser gelassen usw. Die Kinder können schätzen, welcher Stein viel und welcher wenig Wasser verdrängen wird.

Variation
Die Kinder können auch mit allen Steinen gleichzeitig experimentieren und herausfinden, wie viele Steine benötigt werden, bis das Wasser überläuft. Sie können den Messbecher während der Aktion auch auf eine Waage stellen und beobachten, ob sich auch das Gewicht verändert.

Zählen, wiegen und messen

Medientipps

Bergh, Wilfried (Hrsg.):
**Kita-Praxis: Bildung:
Mathematik: zählen, ordnen,
messen.**
3–6 Jahre. Cornelsen Verlag
Scriptor, 2006.
ISBN: 978-3-589-22247-6

Bönig, Dagmar (Hrsg.);
Schlag, Bernd (Hrsg.);
Streit-Lehmann, Julia (Hrsg.):
**Bildungsjournal Frühe
Kindheit: Mathematik,
Naturwissenschaften &
Technik.**
1–6 Jahre. Cornelsen Verlag
Scriptor, 2010.
ISBN: 978-3-589-24585-7

Friedrich, Gerhard:
**So geht's – Spaß mit Zahlen
und Mathematik im
Kindergarten.**
Herder, 2008.
ISBN: 978-3-451-00384-4

Lee, Kerensa:
**Kinder erfinden Mathematik:
Das Konzept mit gleichem
Material in großer Menge.**
Verlag das Netz. 2010.
ISBN: 978-3-868-92036-9

Royar, Thomas; Streit, Christine:
**MATHElino: Kinder begleiten
auf mathematischen
Entdeckungsreisen.**
Kallmeyer, 2010.
ISBN: 978-3-780-01060-5

Schilling, Sabine; Prochinig,
Therese:
**Frühförderung Mathematik
Praxisbuch: Spiele und Ideen
für den Alltag. Praxisbücher.**
4–6 Jahre. Schubi Lernmedien,
2007.
ISBN: 978-3-898-91791-9

 **Verlag an der Ruhr**

Postfach 10 22 51
45422 Mülheim an der Ruhr

Telefon 030/89 785 235
Fax 030/89 785 578

bestellungen@cornelsen-schulverlage.de
www.verlagruhr.de

Es gelten die Preise auf unserer Internetseite.

■ **101 Geschicklichkeitsspiele**
5-Minuten-Ideen zur Feinmotorikförderung in der Kita
3–6 J., 112 S., 17 x 24 cm, Paperback
ISBN 978-3-8346-0930-4
Best.-Nr. 60930
14,95 € (D)/15,40 € (A)/24,50 CHF

■ **101 Bewegungsspiele für zwischendurch und überall**

5-Minuten-Ideen zum Austoben und Entspannen in der Kita
Jutta Bläsius
3–6 J., 116 S., 16 x 23 cm, Paperback
ISBN 978-3-8346-0816-1
Best.-Nr. 60816
14,80 € (D)/15,30 € (A)/25,50 CHF

■ **101 Spiele mit Alltagsmaterialien**

5-Minuten-Ideen für die Kita
Jutta Bläsius
3–6 J., 116 S., 17 x 24 cm, Paperback
ISBN 978-3-8346-0855-0
Best.-Nr. 60855
14,95 € (D)/15,40 € (A)/24,50 CHF

■ **101 Draußenspiele für jedes Wetter**

5-Minuten-Ideen für die Kita
Ulrike Blucha, Iris Knauf
3–6 J., 116 S., 17 x 24 cm, Paperback
ISBN 978-3-8346-0854-3
Best.-Nr. 60854
14,95 € (D)/15,40 € (A)/24,50 CHF

Keiner darf zurückbleiben